Martin Curi
Friedenreich
Das vergessene Fußballgenie

Elisabeth und Reinhard

Martin Curi

Friedenreich
Das vergessene Fußballgenie

VERLAG DIE WERKSTATT

Bibliografische Information der Deutschen Bibliothek
Die Deutsche Bibliothek verzeichnet diese Publikation in der
Deutschen Nationalbibliografie; detaillierte bibliografische Daten
sind im Internet über http://dnb.ddb.de abrufbar.

Copyright © 2009 Verlag Die Werkstatt GmbH
Lotzestraße 24a, D-37083 Göttingen
www.werkstatt-verlag.de
Alle Rechte vorbehalten.
Satz und Gestaltung: Verlag Die Werkstatt
Druck und Bindung: Westermann Druck, Zwickau

ISBN 978-3-89533-646-1

Inhalt

1. Ein Fußballpionier 6
2. Sklavenbefreiung 9
3. Importierter Fußball 17
4. SC Germania 29
5. Club Athletico Paulistano 40
6. Profis gegen Amateure 59
7. »Der Tiger des Fußballs« 71
8. Rassismus à Brasileira 80
9. Karriereende 89
10. 1.329 Tore? 98
11. Der vergessene Wunderstürmer 106
12. Friedenreich, ein typischer Brasilianer 115

Anhang
Zeittafel 118
Danksagung 120
Literatur 121
Der Autor 123

1. Kapitel
Ein Fußballpionier

Man schreibt das Jahr 1931. Im Stadion da Floresta von São Paulo treffen die Mannschaften von São Paulo FC und Vasco da Gama Rio de Janeiro aufeinander. Der Platz liegt malerisch in den Flussauen des Tietê am Rande der Stadt. Bäume säumen das Gelände; und die Besucher genießen den frischen Duft der Natur. Beste Bedingungen, um einen Sonntagsausflug mit Fußballnachmittag zu verbringen.

Das Spiel wird verbissen geführt, denn es geht um Nachbarschaftsrivalität zwischen den beiden brasilianischen Metropolen. Die Mannschaften schenken sich nichts, und fast scheint es, dass in der ersten Halbzeit kein Tor mehr fallen würde. Da nimmt sich ein dürrer, farbiger Spieler den Ball, umdribbelt seine Gegner und stürmt allein auf den Torwart zu. Dieser ist kein Geringerer als Jaguaré, ein Meister seines Faches. Schon vor dem Spiel hat er laut verbreitet, dass er heute wohl nicht hinter sich zu greifen brauche.

Es scheint jedoch, als ob der farbige Stürmer im Ballbesitz diese Angeberei ernsthaft testen wolle. An der Strafraumgrenze nimmt er sich ein Herz und schießt mit voller Kraft in die rechte obere Ecke des Tores. Jaguaré hebt ab, um mit einem filmreifen Satz das Leder zu greifen. Doch da passiert das Unerwartete: Der mit Effet geschossene Ball ändert unerwartet mitten im Flug seine Bahn. Der verdutzte Torwart versucht sich noch im Sprung zu drehen, verunglückt dabei aber völlig. Mit voller Wucht knallt er gegen den rechten Torpfosten und muss hilflos den Ball links an sich vorbeifliegen lassen. Jaguaré wird daraufhin ausgewechselt und mit einer Platzwunde in ein Krankenhaus gebracht.

Der Name des gefeierten Helden jedoch ist Arthur Friedenreich. Er wird an diesem Tag noch weitere zwei Tore zu dem Endstand von 5:1 beitragen.

Arthur Friedenreich war ein brasilianischer Fußballpionier mit deutschem Vater und einer farbigen, brasilianischen Mutter. Er hatte dunkle Haut, Kraushaare und grüne Augen. Er war der erste Fußballstar eines Landes, das in diesem Sport zum Nonplusultra werden sollte. Man sagt ihm sogar nach, er habe mehr Tore als der große Pelé geschossen, und er schaffte dieses Kunststück in einer Zeit, als der Fußball eine Elitesportart war, die keine farbigen Spieler akzeptierte. Sein Pech war, dass seine Karriere vor dem Medienzeitalter endete. Der Grad der Bekanntheit und vor allem der Grad der Erinnerung an ihn blieb daher begrenzt. So könnte man ihn auch als den mysteriösen, verschollenen Schatz des Fußballs beschreiben, als ein Genie, das heute weitestgehend in Vergessenheit geraten ist.

Macht man sich auf die Suche nach seinen Spuren, so muss man sich in die brasilianische Mega-Metropole São Paulo begeben, in deren Großraum heute 18 Millionen Menschen leben.

Viel hat sich geändert, seit Friedenreich hier im Jahre 1909 zum ersten Mal die Fußballstiefel geschnürt hat. Damals lebten hier weniger als eine Million Menschen. Das Stadion »da Floresta« hat schon lange kein Profispiel mehr gesehen. Sein Umfeld wurde von Gebäuden verschluckt. Der Fluss selbst wurde zu einer stinkenden Kloake. Seine Ufer wurden begradigt, um an den ewig verstopften Autobahnringen entlang zu führen.

Schmutz, Lärm und Gestank erwarten den Besucher, der mit dem Auto aus dem Urlaubsparadies Rio de Janeiro kommt. Wenn er den Tietê erreicht, hat er schon knapp eine Stunde Stadtautobahn hinter sich. Unendlich zieht sich die Betonmauer aus Gebäuden, die wie Pilze in den Himmel schießen. Das wirtschaftliche und kulturelle Zentrum São Paulo platzt aus allen Nähten. Batmans »Gotham City« muss von dieser Stadt inspiriert worden sein.

Der wirtschaftliche Erfolg der Region finanziert heute das kulturelle Leben und besonders den Fußball. São Paulo ist die Fußballhauptstadt Brasiliens mit der höchsten Dichte an Profivereinen. Klubs wie Palmeiras, Corinthians, São Paulo FC und Santos dominieren die nationale Liga. Tausende von talentierten Jugendlichen versuchen hier jährlich ihr Glück, um eine internationale Karriere zu starten. Pelé, Sokrates, Rai, Cafu, Kaká oder Robinho heißen im Jahr 2008 ihre Idole. An Friedenreich erinnert sich keiner.

Fußball gilt als nationales Aushängeschild und Sportart Nummer eins. Die breite Bevölkerung frönt diesem Vergnügen, wo immer sie kann: im Stadion, auf der Straße oder am Strand. Es ist noch nicht so lange her, dass dies ganz anders war. Als Friedenreich ein kleiner Junge war, galt Fußball als Elitesportart, die nur der weißen Oberschicht offenstand. Die schwarze Bevölkerung war soeben erst aus der Sklaverei entlassen, und niemand dachte daran, dass aus dieser sozialen Schicht einmal Weltstars kommen würden.

Feine Herren, oft englischer Abstammung, schickten den Nachwuchs zum Studieren nach Europa. Dort lernten sie die neue Ballsportart kennen und brachten Ausrüstung und Regelwerk nach Brasilien. So wurde der Fußball eine Beschäftigung im Müßiggang der High Society. Man musste es sich leisten können, Zeit zu haben für das Training und das Spiel am Sonntag. Die ersten Vereine waren schicke Klubs mit Salons für gesellschaftliche Empfänge. Dort trafen sich die Herren im Smoking und die Damen im eleganten Kleid nach dem Spiel.

Die farbige Bevölkerung hatte zu diesen Ereignissen nur als Kellner Zutritt. Es war undenkbar, einen Sklaven als Vereinsmitglied aufzunehmen. Dieses Szenario muss man sich vor Augen führen, um das Ausmaß der Revolution zu verstehen, die Friedenreich verkörperte. Ihm ist es gelungen, soziale Grenzen zu überschreiten. Er legte den Grundstein für das, was wir heute als brasilianischen Fußball kennen.

Das Brasilien Friedenreichs war eine vorindustrielle Gesellschaft, die tief gezeichnet war von der Sklavenbefreiung und den Migrationswellen aus Europa. Landflucht und Städteexplosion standen dem tropischen Land erst noch bevor. Der Fußball sollte zum Symbol einer sich wandelnden Gesellschaft werden, die sich in ein modernes und industrielles Zeitalter aufmachte. Eine Metapher dieses Wandels ist die Karriere von Arthur Friedenreich.

2. Kapitel
Sklavenbefreiung

Das Treiben ist geschäftig auf den Straßen des Stadtteils Luz im Zentrum São Paulos an jenem Tag des Jahres 1892. Kräftige, schwitzende Männer tragen einen prall gefüllten Kaffeesack nach dem anderen aus dem Innenhof eines Lagergebäudes in typisch portugiesischem Kolonialstil in der Rua do Triunfo, der Straße des Triumphs, und beladen die wartende Transportkutsche. Die Pferde harren geduldig auf das Ende des Vorgangs. Ganz im Gegensatz zum Besitzer des Geschäfts, der nervös auf die Straße tritt. Er weiß, dass in Kürze der Güterzug in die Hafenstadt Santos ohne Rücksicht auf Verspätungen abfahren wird.

Ähnliche Szenen spielen sich auch in den Parallelstraßen des Stadtteils ab, denn hier befindet sich der Hauptumschlagplatz der aktuellen

Bahnhof Luz um 1901.

brasilianischen Exportschlager Kaffee, Zucker und Baumwolle. Das Hinterland São Paulos stellte sich als so fruchtbar heraus, dass der Handel sich multiplizierte. Die Provinzstadt begann sich deutlich zu verändern. Der beeindruckende Bahnhof Luz der São Paulo Railway Company wurde wie ein Tempel des Erfolgs errichtet. Sein Hauptgebäude überragte alle angrenzenden Häuser und verkündete so den Siegeszug der Kaffeebarone.

Als der Ladevorgang endlich abgeschlossen ist, besteigt der Kutscher seinen Sitz und setzt die Pferde in Bewegung. Mühsam machen sie sich auf, ihre Last das Kopfsteinpflaster der Rua do Triunfo hinunter zu ziehen, um dann nur wenige Ecken weiter in die Bahnhofstraße einzubiegen. Zurück lassen sie die Hausmägde, die eifrig die Hinterlassenschaften der Fuhrwerke entfernen. Denn schon kurz nach der Schweißarbeit erscheinen die geschniegelten Tilburis, die Einspänner der feinen Herren, die kommen, um sich an den Abrechnungen zu erfreuen.

Nicht weit entfernt von dieser Szene kreuzt die Rua da Vitória, die Straße des Sieges, die Straße des Triumphes. Ein bezeichnender Ort für die Geburt eines Mannes, dessen Spezialität Siege und Triumphe sein sollten. Denn genau an dieser Straßenecke kam am 18. Juli 1892

Straße des 15. November im Zentrum São Paulos, um 1895.

Arthur Friedenreich als Sohn von Matilde und Oscar Friedenreich zur Welt. Der kleine Arthur wurde in eine Zeit der Veränderungen hinein geboren, die seine Eltern zu symbolisieren vermochten, denn seine Mutter war eine ehemalige Sklavin mit dunkler Hautfarbe und sein Vater ein deutschstämmiger Händler.

Die Sklavenfrage beschäftigte die brasilianische Politik schon seit Längerem. Man geht davon aus, dass bis zur brasilianischen Unabhängigkeit im Jahr 1822 über drei Millionen Menschen aus Afrika nach Brasilien verschleppt wurden. Als Kaiser Pedro I. den Thron bestieg und sich vom Mutterland Portugal lossagte, begann der internationale Druck gegen die Sklaverei zu wirken. Besonders Großbritannien war ein bedeutender Wirtschaftspartner, der um die Konkurrenzfähigkeit der eigenen Produkte fürchtete, die von Lohnarbeitern fertiggestellt wurden.

Ein erster Schritt war das Verbot des interkontinentalen Sklavenhandels im Jahr 1831. Doch die brasilianische Wirtschaft stützte sich zu sehr auf ihre wichtigste Einheit: die Fazenda. Das waren riesige Agrarlatifundien, die zu Beginn des 19. Jahrhunderts in erster Linie Zucker produzierten. Diese Großgrundbesitze konnten nur mit Sklaven bewirtschaftet werden. Der Zuckermarkt brach in den 1830er Jahren ein, was ein Verbot des Sklavenhandels ermöglichte. Doch der direkt darauf folgende Kaffeeboom machte alle guten Vorsätze wieder zunichte.

Im Jahr 1837 wurden die konservative und die liberale Partei gegründet, die den Kampf der kommenden Jahre ausfechten sollten. Erstere repräsentierte die aristokratische Elite und die Großgrundbesitzer, die sich für den Erhalt der Monarchie einsetzte und die Sklaverei verteidigte. Die liberale Partei hingegen symbolisierte den gesellschaftlichen Wandel, denn der Handel in den entstehenden Großstädten und der nötig gewordene Eisenbahntransport verlangten nach Verwaltung, Schulen, Zeitungen und Ärzten. Es bildete sich eine Mittelschicht, die erste kleine Manufakturen gründete und die britischen Eisenbahn- und Telegrafenkompanien vertrat. Ihnen waren Sklaven eine Last, denn sie benötigten flexible und freie Lohnarbeiter.

1840 wurde Pedro II. zum Kaiser gekrönt. Er konstituierte ein Parlament, in dem die genannten Parteien die Richtung der Politik festlegten. Pedro II. handelte nach dem Prinzip zu herrschen, aber nicht zu regieren. Bald hatte sich die politische Macht so verlagert, dass die liberale Partei ihre Interessen durchzusetzen begann. Trotz heftiger Gegenwehr der Landoligarchien wurde im Jahr 1871 das Gesetz des »freien Leibes« verabschiedet, das vorsah, dass alle Neugeborenen frei seien, und 1887 wurde das Gesetz zur Befreiung der 60-Jährigen erlassen.

Der Kaiser befand sich in einer Zwickmühle, denn seine Macht stützte sich auf die Großgrundbesitzer der konservativen Partei. Diese wollten die Sklavenbefreiung verhindern. Doch gleichzeitig war die Macht der Vertreter der liberalen Partei unübersehbar geworden. Zu allem Überfluss begannen Letztere, aus Unzufriedenheit über die fehlenden Reformen über eine Änderung der Staatsform in eine Republik nachzudenken. Der Kaiser musste handeln.

Am 13. Mai 1888, also nur vier Jahre vor Friedenreichs Geburt, unterzeichnete Prinzessin Isabel im Namen ihres Vaters das sogenannte Goldene Gesetz, das die sofortige und uneingeschränkte Sklavenbefreiung vorsah. Die Maßnahme betraf schätzungsweise eine Million Menschen bei einer Gesamtbevölkerung von 15 Millionen Einwohnern.

Es darf bezweifelt werden, dass sich die Lebensbedingungen der befreiten Sklaven schlagartig verbesserten. Sie konnten sich nicht mehr auf die Pflicht der Großgrundbesitzer verlassen, die ihnen auch im Alter oder bei Krankheit Unterkunft gewähren mussten. Sie waren nun unabhängige Lohnarbeiter, die sich ihre Arbeitsstelle suchen mussten. Sozialversicherungen waren noch völlig unbekannt. Auf den Fazendas wurden sie nun kostengünstig zur Erntezeit angeheuert, und den Rest des Jahres waren sie arbeitslos. Es begann die große Landflucht, denn in den Städten bildeten sich die ersten Industrien, die billige Arbeitskräfte anwarben.

Der brasilianischen Monarchie half das »Goldene Gesetz« nichts mehr, denn die liberale Partei sah nicht mehr von ihrem Projekt einer Republik ab, und die Anhänger der konservativen Partei waren so verärgert, dass sie sich schließlich auch gegen den Kaiser wendeten. In der Nacht des 14. November 1889 kam es in Rio de Janeiro unter der Leitung des Generals Deodoro da Fonseca zum Putsch, und am 15. November wurde die Republik ausgerufen. Nur zwei Tage später

Familie Friedenreich gegen Ende des 19. Jahrhunderts. Arthurs Vater ist hinten der Dritte von rechts in der letzten Reihe, direkt davor Arthur in den Armen seiner Mutter.

musste sich die Kaiserfamilie in ihr portugiesisches und später französisches Exil aufmachen.

Wer von der jungen Republik profitierte, war die Familie Friedenreich, denn Oscar konnte seine Matilde heiraten. Die Wäscherin aus São Paulo wurde nun zur vollwertigen Bürgerin ernannt, und der Standesunterschied sollte eine Hochzeit nicht verhindern. Oscar Friedenreich stammte aus der Stadt Blumenau im südlichen Bundesstaat Santa Catarina, dessen Bevölkerungsstruktur durch einen hohen Anteil deutscher Einwanderer geprägt war.

Laut den Behörden in Blumenau war Oscars Vater Carl Arzt und stammte aus Dahme in Brandenburg. Er und sein Bruder Wilhelm waren dort in Aufstände der 1848er Revolution verwickelt. Wilhelm wurde festgenommen, konnte jedoch wenig später aus dem Gefängnis fliehen. Aufgrund dieser unsicheren Lage beschlossen beide auszuwandern und kamen 1850 in Santa Catarina an. Leider konnten deutsche Behörden diese Daten bisher nicht bestätigen.

In Blumenau fügten sie sich nahtlos in die schon bestehende deutsche Kolonie ein, denn Ärzte wurden händeringend gesucht. Oscar wurde dann als sechstes von neun Kindern am 18. November 1861 geboren.

Die Siedler wurden seit 1820 gezielt von der brasilianischen Regierung angeworben, um das unerforschte Land zu kolonialisieren. Die deutschen Migranten waren auf der Suche nach einem kleinen Stückchen Land, das sie ihr eigen nennen konnten.

Sklaverei war ihnen fremd, weshalb die schwarze Bevölkerung dieses Landstrichs nur einen sehr geringen Prozentsatz ausmacht. Die Infrastruktur Santa Catarinas unterschied sich grundsätzlich von dem gut entwickelten Zentrum des Landes um Rio de Janeiro und São Paulo. Die brasilianische Regierung wollte über die vornehmlich norddeutschen Siedler eine Erschließung des Gebiets erreichen und dachte nicht daran, mit staatlichen Maßnahmen, wie z.B. einem geordneten Schul- und Gesundheitssystem, präsent zu sein. Die Catarinenses waren deshalb schon früh unzufrieden mit der Monarchie und der Sklaverei. Unter der strukturellen Unterentwicklung des Staates litten auch die Geschäfte des Händlers Oscar Friedenreich, und so beschloss er, sein Glück in São Paulo zu suchen.

Dort traf er Matilde, mit der er sich in den ersten Jahren der Republik in dem Stadtteil Luz, direkt am neuen großen Bahnhof, niederließ. Der Händler Friedenreich konnte durchatmen, denn hier konnte er

Blick über São Paulo im Jahr 1895.

seinem Beruf ungestört nachgehen. Seine farbige Frau sorgte sicherlich zunächst für Aufregung, doch das dürfte sich schnell gelegt haben, denn das Motto des Augenblicks hieß: »Ordnung und Fortschritt«. Im Jahre 1890 zählte man in São Paulo etwa 65.000 Einwohner. Innerhalb der nächsten zehn Jahre stieg die Zahl rasant auf 240.000. Zum Vergleich: Rio de Janeiro wuchs zur gleichen Zeit von etwa 400.000 auf 500.000 Einwohner. São Paulo war also noch Provinz, aber gleichzeitig der Shooting Star unter den neuen Metropolen. Das technologische Zentrum zeichnete sich ab.

Die Zuwanderer waren zu diesem Zeitpunkt noch nicht die befreiten Sklaven, sondern Migranten aus Europa, die dem Ruf des Kaffees folgten. Zwischen 1870 und 1920 kamen über drei Millionen Menschen aus Portugal, Spanien, Italien, Deutschland und Polen in Brasilien an. Die meisten von ihnen im Hafen von Santos. Sie sollten die fehlenden Arbeitskräfte in den entstehenden brasilianischen Großstädten stellen. Deshalb wurden viele von ihnen mit subventionierten Fahrkarten für die Ozeanreise angelockt. Die seit 1867 existierende Bahnlinie Santos-São Paulo-Jundiaí brachte die Migranten in das Landesinnere. Die Bevölkerungsstruktur des Kaffeeumschlagplatzes São Paulo sollte sich bald als Schmelztiegel beschreiben lassen.

In Arthurs Geburtsjahr 1892 wurde mit der »Tee-Brücke« eines der Wahrzeichen São Paulos eingeweiht. Sie stellte eine der ersten urbanen Maßnahmen zur Verkehrsbewältigung dar. Im Zentrum der Stadt wurden durch diese Fußgängerbrücke die beiden Ufer des Flusses Anhangabaú verbunden. Für die Benutzung erhob man bis 1897 sogar eine Maut.

Schon ein Jahr zuvor wurde die Avenida Paulista am südlichen Ende der Stadt eingeweiht. Das heutige Aushängeschild der Metropole stellte damals mit seinen sechs Fahrbahnen Größenwahnsinn dar. Die Kaffeebarone wollten sich ein Denkmal setzen und außerhalb des nach ihrem Geschmack bereits überlaufenen Zentrums residieren. So säumte die Avenida Paulista eine Villa neben der anderen mit weiträumigen Gärten.

Der Kaffeeboom schien unaufhaltsam, und so wurde im Jahr 1901 die dritte Erweiterung des Luz-Bahnhofes eröffnet. Das neue monumentale Gebäude wurde in Fertigbauteilen aus England importiert. Sein Inneres wurde mit vielen neoklassizistischen Details ausgeschmückt. Das stetige Anwachsen der Bevölkerung machte ein innerstädtisches Transportsystem notwendig, und so wurde im Jahr 1900 die erste Straßenbahnlinie eingeweiht. Sie führte vom Zentrum, an Friedenreichs Haus vorbei, in den Stadtteil Bom Retiro. Züge und Straßenbahnen waren britische Importprodukte. Material und Ausrüstung kamen nicht alleine, sondern wurden von den Herstellern selbst installiert und betrieben.

So bildete sich eine nicht unbedeutende und besonders wohlhabende englische Kolonie, die es vorzog, unter sich zu bleiben. Sie gründeten englische Klubs und Freizeiteinrichtungen. Zunächst widmeten sie sich vornehmlich dem Cricket an den Wochenenden. Doch bald sollten sie ein viel erfolgreicheres Kulturgut in ihrer Gastgesellschaft einführen: den Fußball.

3. Kapitel
Importierter Fußball

Um die herausragende Karriere von Arthur Friedenreich zu verstehen, muss man sich zunächst mit der Geschichte des Fußballs in Brasilien auseinandersetzen. Der Sport wurde hier, wie auch in vielen anderen Ländern, zunächst von Vertretern der Elite ausgeübt. Er wurde zu einem Spiegelbild der gesellschaftlichen Verhältnisse mit ihrer strikten Trennung und sozialen Distanz zwischen den Klassen.

Brasilien hatte zu der Zeit, als Friedenreich geboren wurde, noch keine Sporttradition. Die ältesten Stadien dienten für Pferderennen, die sehr populär waren. Das Hippodrom in São Paulo wurde 1875 und das in Rio de Janeiro sogar schon 1868 eingeweiht. Diese Veranstaltungen stellten aber reine Zuschauerspektakel, keinen Breitensport dar. Im Jahr 1882 wurde der liberale Abgeordnete Ruy Barbosa beauftragt, die Bildungssituation zu bewerten, um eine Schulreform einzuleiten, die für dringend nötig erachtet wurde. Nur etwa 15 Prozent der Bevölkerung konnten lesen und schreiben. Barbosas Überlegungen in seinem Abschlussbericht gingen jedoch über die traditionelle Lehre hinaus. Er zeigte sich besonders besorgt über die körperliche Verfassung seiner Landsleute und forderte dringend, Schulsport als Fach einzuführen.

Natürlich kamen die meisten Nachkommen von Sklaven und anderen Mitgliedern der Unterschicht nicht in den Genuss von Schulbildung. Somit sollte das noble Ansinnen Barbosas nur einen geringen Teil der Bevölkerung erreichen. Die Eliteschulen waren ihm sowieso voraus.

Die Oberschicht São Paulos und Rio de Janeiros hatte zu dieser Zeit die Angewohnheit, ihre Sprösslinge auf Internate in nahegelegene ländliche Gegenden wie Itu oder Petrópolis zu schicken. Diese kostenpflichtigen Schulen konnten auf die beste Ausstattung zurückgreifen und

Jesuitenkolleg São Luis in Itu.

waren die Vorzeigeinstitute in Lateinamerika. Schon in den 1870er Jahren machte man sich dort Gedanken über eine Aktualisierung des Lehrplans. Besonders am Herzen lag den Lehrern eine Möglichkeit der körperlichen Betätigung, denn die Schüler mussten in einem Internat auch in ihrer Freizeit unterhalten werden. Die überschäumende jugendliche Energie musste irgendwie kanalisiert werden.

Deshalb schickte das Jesuitenkolleg São Luís in Itu im Jahr 1879 eine Gruppe unter der Leitung von Bruder José Monteiro nach Europa, um sich über den dortigen Schulsport zu informieren. Die Teilnehmer besuchten in erster Linie Schulen in Frankreich, England, Holland und Deutschland, die von Jesuiten geleitet wurden. Auf dieser Reise machten sie wohl als erste Brasilianer Bekanntschaft mit einem neuartigen Mannschaftssport: dem Fußball. Er wurde von den Brüdern als pädagogisch wertvoll und geeignet für den Schulsport gepriesen.

Als die Gruppe zwei Jahre später in ihre Heimat zurückkehrte, brachte sie diese Erkenntnisse mit und führte den Fußball in ihrem Internat ein. Zunächst orientierte man sich an den Freiluftspielen, die dem deutschen Turnen angegliedert waren. Ein Spiel namens »Schlagball« (Bate Bolão) wurde eingeführt, um die Schüler langsam an die Regeln zu gewöhnen. Erst als 1894 Pater Luís Yabar die Leitung des Jesuiteninternats in Itu übernahm, wurde begonnen, konsequent nach den Regeln des Association Football zu spielen. Ähnliche Entwicklungen ergaben sich zur gleichen Zeit auch in anderen Internaten, wie zum Beispiel in Petrópolis bei Rio de Janeiro. Somit waren aus reichen Familien stammende Klosterschüler die ersten Fußballspieler Brasiliens.

Dieser Teil der Fußballgeschichte ist heute fast in Vergessenheit geraten, denn er fand »hinter verschlossenen Türen« statt. Außerdem sollte im gleichen Jahr 1894, als Friedenreich noch nicht einmal seinen zweiten Geburtstag gefeiert hatte, der Brasilianer schottischer Abstammung Charles Miller von seinen Studien aus England zurückkehren. Er gilt gemeinhin als Vater des brasilianischen Fußballs, denn mit ihm beginnt dessen offizielle Geschichte.

Spielende Schüler auf dem Pausenhof des Jesuitenkollegs São Luis.

Miller wurde am 24. November 1874 als Sohn des Ingenieurs John Miller und der Brasilianerin Carlota Fox geboren. Sein Vater arbeitete bei der britischen Eisenbahngesellschaft in São Paulo.

Die englische Kolonie unterschied sich stark von den anderen Migrantengruppen. Sieht man von den Matrosen ab, die sich meist nicht auf Dauer niederließen, so setzte sich die britische Kolonie aus gutbezahlten Verwaltungsfunktionären, Ingenieuren und Handelsvertretern zusammen, die ihren Aufenthalt als zeitlich begrenzt ansahen.

Die anderen Migrantengruppen waren meist Kontinentaleuropäer. Sie kamen, um zu bleiben, und mussten sich deshalb in die neue Gesellschaft integrieren. Die Briten hingegen kamen als Vertreter des führenden Imperiums jener Zeit, dessen Macht auf Handel und technischen Innovationen beruhte. In Brasilien waren sie daran interessiert, Eisenbahnen, Telegrafennetze oder Gasleitungen zu installieren. Außerdem verkauften sie englische Industriewaren wie Kleidung, Glas und Geschirr. Dabei profitierten sie auch von den Gewinnen des Kaffeebooms. Im Zuge dieser Entwicklung wurde sogar der gesellschaftliche Stand der früher in Brasilien minderwertigen Berufe Händler und Mechaniker aufgewertet.

Die Engländer hielten es nicht für nötig, sich in die Gastgesellschaft zu integrieren. Im Gegenteil: Sie gründeten Freizeiteinrichtungen, zu denen nur Briten Zugang hatten. Die ältesten dieser Klubs waren Rio Cricket e Associação Atlética und Paissandu Cricket Club, die sich beide 1872 in Rio de Janeiro formierten. Der São Paulo Athletic Club, kurz SPAC, war das Pendant in der Kaffeemetropole und wurde zufällig am Tag der Sklavenbefreiung, nämlich am 13. Mai 1888, gegründet.

Das Leben im SPAC war das eines typisch britischen Klubs und ging weit über das sportliche Treiben hinaus. Es war mit seinen Teenachmittagen, Festbanketten, Spielabenden und Kulturprogrammen vielmehr ein nobler Geselligkeitsverein. Der erste in Brasilien eingeführte Mannschaftssport war somit Cricket, das auch eher einem erweiterten Picknick als der Leibesertüchtigung glich.

Zu seiner Ausübung zogen die englischen Familien mit Lunchpaketen ausgerüstet vor die Tore der Stadt auf eine freie Wiese. Während die Kinder auf dem Rasen herumtollten und die Damen das Essen bereiteten, konnten sich die Herren dem Spiel widmen. Dies wurde genutzt, um Neuigkeiten auszutauschen oder einfach zu plaudern. Die Regeln des Cricket sind ähnlich dem Baseball, und so sind bei einem Spielzug eigentlich immer nur zwei Spieler im vollen Einsatz: der Bowler und der Batsman. Die anderen konnten sich sozialen Kontakten widmen. Die Damen taten ihnen gleich und konzentrierten sich nur in den entscheidenden Momenten auf das Spielgeschehen. Für die Engländer war dieser Sport jedoch viel mehr als ein erweitertes Picknick. Er war Ausdruck ihrer nationalen Identität und Überlegenheit. Dies wurde durch eine strikte und vornehme Kleiderordnung zum Ausdruck gebracht. Cricket wird bis heute in weißen Anzügen gespielt.

Der SPAC sollte eine Vorreiterrolle in der Verbreitung von englischen Sportarten in Brasilien einnehmen. Es folgten in

Sport in Brasilien im 19. Jahrhundert.
(Quelle: J.C.Lobo)

den nächsten Jahrzehnten Tennis, Rugby, Fußball, Squash, Badminton und Rasenhockey. Der Verein SPAC existiert bis heute und hat sich auf Rugby spezialisiert. Er ist brasilianischer Rugby-Rekordmeister. Cricket hingegen wird in Brasilien nicht mehr gespielt.

In diesem Umfeld wuchs Charles Miller auf. Wie es üblich war unter den Briten, so schickte auch John Miller seinen Sohn mit neun Jahren auf die Schule nach England. Dort besuchte er die Bannister Court School in Southampton, wo er neben den traditionellen Fächern auch Cricket, Rugby und Fußball erlernte. Er scheint ein gewisses Talent für Fußball entwickelt zu haben, denn er konnte sich in den Vereinen Corinthian Football Club und St. Mary Football Club – ein Vorgänger-Verein des Southampton FC – als Stürmer empfehlen und gelangte so auch in die Regionalauswahl von Hampshire. Schuss- und Dribbelstärke waren seine Qualitäten. Er konnte also nicht nur das nötige Wissen, sondern auch die praktischen Fähigkeiten ansammeln, um ein Fußballmissionar zu werden.

Charles Miller.

Nach seinem Schulabschluss kam Charles Miller am 18. Februar 1894 mit einer kompletten Association-Football-Ausrüstung im Hafen von Santos an und nahm den Zug nach São Paulo. Das Equipment bestand aus zwei Bällen, einer Pumpe, ein paar Fußballstiefeln, jeweils einem Trikot von Bannister und St. Mary und schließlich einem Regelbuch. Außerdem hatte er Informationen über Rugby im Gepäck.

Wie andere Mitglieder der englischen Kolonie begann auch Charles mit seinen Eltern am Klubleben des SPAC teilzunehmen. Dort stellte er die neue Sportart Fußball vor und erntete zunächst Ablehnung. Die feine Gesellschaft war es nicht gewohnt, hinter einem Ball herzurennen, zu schwitzen und die Kleidung zu beschmutzen. Man wollte nicht auf seine liebgewonnenen weißen Anzüge verzichten. Der Fußball stellte das Gegenteil des Cricket dar. Man musste sich tatsächlich am Spielgeschehen beteiligen und konnte nicht mehr gemütlich Neuigkeiten austauschen.

Deshalb machte sich Charles auf die mühsame Suche nach einigen Gleichgesinnten. Es gelang ihm, ein paar junge Angestellte aus der Verwaltung britischer Firmen und Banken für das Spiel zu begeistern. Der SPAC erlaubte ihm, die Klubeinrichtungen zu nutzen, und so führte er einige geschlossene Trainingseinheiten durch. Am 14. April 1894 war es dann so weit: Das erste öffentliche Fußballspiel konnte zwischen den Mannschaften Gas-Work-Team und São-Paulo-Railway-Team stattfinden. Das Ergebnis ist leider nicht überliefert.

Charles Miller ist somit nicht der Vater des brasilianischen Fußballs in dem Sinne, dass er das Spiel ins Land brachte, aber er ist der Vater des Vereinsfußballs, der zu seiner tatsächlichen Verbreitung führte. Der Sport hatte es aber weiterhin schwer. Nur eine kleine englische Elite hatte Zugang zu ihm, und diese stand ihm zunächst kritisch gegenüber. Diese Geschichte wiederholte sich im Übrigen in anderen Regionen Brasiliens. Der Fußball breitete sich nicht von einem Ort über das ganze Land aus, sondern eroberte es mehr oder weniger gleichzeitig von den verschiedenen Hafenstädten aus.

In Rio wird dies dem Engländer Oscar Cox, der wie Miller 1901 von Studien aus Europa zurückkehrte, zugeschrieben. Nachdem er in den örtlichen Cricketvereinen auf ähnliche Skepsis stieß, gründete er den noch heute erfolgreichen Fluminense FC. Ein anderes bekanntes Beispiel ereignete sich im südlichen Bundesstaat Rio Grande do Sul an der Grenze zu Uruguay. In der Stadt Rio Grande wurde im Jahr 1900 von deutschen Migranten der älteste noch aktive Fußballverein Brasiliens, der Rio Grande SC, ins Leben gerufen, und zwar völlig unabhängig von den Ereignissen in São Paulo.

Leben kam in die Entwicklung des Fußballs in São Paulo, als Professor Augusto Shaw von einem Aufenthalt in den USA zurückkehrte, wo er sich für die Sportarten Basketball, Fußball und Rugby begeistert hatte. Er gilt als Vater des brasilianischen Basketballs, den er an der Elitschule Mackenzie einführte. Bedeutend für unsere Geschichte ist jedoch, dass die Schule am 18. August 1898 den Verein Associação Atlética Mackenzie College gründete und somit nicht nur den ersten für Brasilianer offenen Fußballverein, sondern auch einen Kontrahenten für den SPAC von Charles Miller schuf.

Damit war der Bann gebrochen, und in den nächsten Jahren wurden mehrere Vereine ins Leben gerufen. 1899 folgten der SC Internacional, dessen Mitglieder – wie der Name schon suggeriert – verschiedenen Nationalitäten angehörten, und der SC Germania mit Angehörigen der deutschen Kolonie. Im Jahr 1900 erschien dann mit dem Club Athletico Paulistano der Verein, der sich als erfolgreichster seiner Zeit beweisen sollte.

Damit war das Quintett komplett, dessen Vertreter am 13. Dezember 1901 mit der Liga Paulista de Futebol (LPF) den ersten brasilianischen Fußballverband gründeten. Ausgangspunkt war kurz zuvor eine Partie zwischen einer Spielerauswahl dieser fünf Vereine, die unter der Leitung von Charles Miller São Paulo vertraten, gegen eine Auswahl Rio de Janeiros mit dem Kapitän Oscar Cox. Das Ergebnis war 1:1 und 2:2 im Wiederholungsspiel.

Die öffentlichen Spiele dieser Vereine der Oberschicht machten den Fußball auch in der Unterschicht bekannt. Es erschienen zunehmend Mannschaften, die ihre Spiele außerhalb der Vereinsplätze in den Flussauen austrugen. So entstand der heute noch in São Paulo existierende Auenfußball (futebol de várzea), was man wohl in Deutschland als Straßenfußball bezeichnen würde. Die Gentlemen der großen Fünf

»Das erste Trikot eines brasilianischen Vereins...« (Quelle: J.C.Lobo)

Vor dem Finale der Meisterschaft São Paulos 1902: SPAC und Paulistano.

mussten handeln, um sich von den Plebejern abzugrenzen. Ergebnis war die bereits genannte LPF.

Im Jahr 1902 wurde daraufhin die erste Meisterschaft von São Paulo ausgetragen, die gleichzeitig das erste Fußballturnier Brasiliens war. Bei der Premiere der offiziellen Spiele standen sich AA Mackenzie College und SC Germania gegenüber, die sich 2:1 trennten. Erster Meister wurde der SPAC mit seinem Kapitän und Torschützenkönig (10 Tore) Charles Miller.

Schnell erhöhten sich die Zuschauerzahlen, und so begann man ein Stadion zu suchen. Gefunden hat man den Parque Antartica, einen Vergnügungspark, den die gleichnamige Brauerei ihren Angestellten zur Verfügung stellte. In ihm konnte man am Wochenende mit der Familie spazieren gehen, während die Kinder auf einer Spielzeugbahn mitfuhren. Außerdem wurden verschiedenste Sportevents durchgeführt, wie Boxkämpfe und sogar Autorennen. In ihm fand das erste Finale der São-Paulo-Meisterschaft statt.

Die Mehrzweck-Arenen waren typisch für die Zeit, da der Fußball noch nicht genügend Publikum anzog, um ein eigenes Stadion zu rechtfertigen. Ein weiteres Beispiel dafür war das Velodrom in der Rua Consolação, das für Radrennen genutzt wurde. Dies war neben Pferderennen die führende Sportart am Ende des 19. Jahrhunderts. Doch die Radrennen verloren ihre Zuschauer zu Gunsten des Fußballs, und so entschied man sich, das Velodrom als Fußballstadion zu nutzen. Zur Jahrhundertwende fanden hier 5.000 Menschen Platz. Am Eingang befand sich ein Schild mit der kuriosen Aufschrift: »Schmährufe verboten!« Der Fußball war nun institutionalisiert und begann sich fast selbstständig zu verbreiten.

Arthur Friedenreich war zu diesem Zeitpunkt zehn Jahre alt. Er besuchte als erster farbiger Schüler das Mackenzie College. Den Studienplatz konnte ihm sein Vater über Beziehungen in der wohlhabenden deutschen Kolonie sichern. So hatte er früh Kontakt mit dem Fußball, denn schon bei seinem Schuleintritt wurde dieser Sport dort angeboten. Friedenreich war sofort begeistert und konzentrierte sich viel stärker auf das Spiel als auf die Noten. Dementsprechend schlecht waren seine Zeugnisse.

Arthur war so vernarrt in den Fußball, dass er auch außerhalb der Schule jede Gelegenheit nutzte, um mit seinen Freunden in den Auen oder auf der Straße zu spielen. Seine Mutter bat ihn vergebens, besser auf die Kleidung zu achten, die er verdreckt und zer-

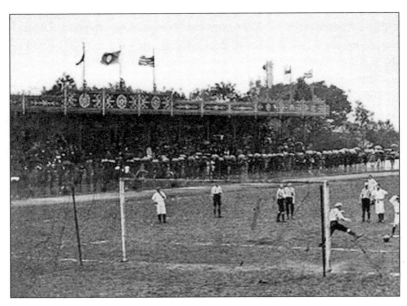

Das Velodrom, 1905.

rissen nach Hause brachte, und sich mehr auf die Hausarbeiten zu konzentrieren.

Sein Talent blieb nicht lange verborgen und machte zunächst einige Spieler der Auenmannschaft Bexiga aufmerksam. Sie hatten die Schüler bei ihrem sonntäglichen Kick in den Auen des Tietê beobachtet. Der heranwachsende Friedenreich wurde in ihr Team eingeladen. So begann er regelmäßig mit Erwachsenen zu spielen, gewann Erfahrung und lernte Dribbelkünste. Diese waren nötig, denn Arthur war nicht besonders kräftig. Seine Figur ähnelte eher einem dürren Schlacks, und so musste er starken Gegenspielern ausweichen können.

Die Legende sagt, dass ihm diese Fähigkeiten einmal das Leben retteten. Schulsport und Auenmannschaften waren ihm noch nicht genug, und deshalb spielte er mit Freunden auch noch Straßenfußball. Als Ball diente ein Strumpf, der mit alten Zeitungen ausgestopft wurde. Liebster Ort war die Rua Consolação zwischen Friedhof und Velodrom-Stadion. Dort konnten sich die Jungs ihren Vorbildern des Ligafußballs nahe fühlen. Eines Nachmittags, als sie gerade das Spitzenspiel SPAC gegen Paulistano nachstellten, rauschte plötzlich ein Friedhofswagen heran und erfasste beinahe Friedenreich. Der besann sich jedoch seiner Fähigkeiten und rettete sich mitsamt dem Ball durch eine rasche Körperdrehung. Man sagt, dass er dadurch seinen ersten Trick gelernt hätte, den er dann später unzählige Male im Stadion vorführte.

Trotz der Nähe zum Stadion war Friedenreich noch nie in dessen Inneres getreten, um seine Idole zu sehen. Als für den 31. Juli 1906 ein internationales Spiel der Auswahl São Paulos gegen eine englische Mannschaft aus Südafrika mit ihrem Stürmerstar Mason angekündigt wurde, fasste er den Beschluss, dies hautnah mitzuerleben. Er flehte und bettelte seine Eltern an, ihm das Geld für den Eintritt zu geben. Doch seine Schulnoten waren kein gutes Argument, um diesen Wunsch erfüllt zu bekommen. Er begann im Haushalt zu helfen, um sich das Spiel zu verdienen. Der Tag rückte näher, aber seine Eltern ließen sich nicht erweichen.

Schließlich musste Arthur seine Niederlage akzeptieren und begab sich auf den Antonio-Prado-Platz. Dort gab es so etwas wie eine Live-Übertragung des Spiels, die von dem Juwelier Clarc gesponsort wurde. Ein Angestellter brüllte alle fünf Minuten Infor-

Fußball in den Auen, um 1900.

mationen über die Ereignisse im Stadion aus dem Fenster im ersten Stock. Die ersten Nachrichten klangen vielversprechend. Die Brasilianer würden das Spiel bestimmen und die Südafrikaner nicht aus ihrer Hälfte kommen.

Das änderte sich jedoch bald. Zur Halbzeit hieß es bereits 0:4 gegen Brasilien. Die Südafrikaner waren auf einer anstrengenden Südamerika-Rundreise, deshalb ermüdeten sie in der zweiten Halbzeit und erhöhten nur noch um zwei Tore zu ihrem 6:0 Sieg. Mason mag nicht in die Fußballgeschichte eingegangen sein, aber er schoss zwei Tore und bereitete weitere drei vor.

Arthur war enttäuscht und schwor sich, so viel zu trainieren, bis er als Spieler Zugang zum Stadion bekommen würde. Außerdem wollte er Brasilien zu Siegen führen. Noch steckte der brasilianische Fußball aber in den Kinderschuhen. Das wurde eindrucksvoll vorgeführt. Internationale Spiele fanden immer wieder in São Paulo statt, da es zu dieser Zeit üblich war, dass speziell englische Teams Amerikareisen veranstalteten. Im September 1907 kam jedoch eine argentinische Auswahl auf Besuch und wiederholte das Ergebnis von 0:6. Es handelte sich dabei wohl um eine privat organisierte Partie, die heute von keinem Verband als Länderspiel anerkannt wird.

Auch der Besuch der englischen Corinthian Casuals im Velodrom von São Paulo sorgte für eine 0:5-Niederlage der Brasilianer. Immerhin wurde der englische Verein zum Namenspaten für den SC Corinthians, dem ersten anerkannten Arbeiterverein São Paulos, der heute zu den großen Mannschaften Brasiliens gehört.

Friedenreich lebte in dieser Welt als Grenzgänger zwischen den sozialen Klassen. Zum einen hatte er einen deutschen Nachnamen, der seine Eintrittskarte zur angesehenen Eliteschule darstellte. Auf der anderen Seite hatte er eine dunkle Hautfarbe, die es ihm ohne Umstände ermöglichte, in den Flussauen mit den einfachen Leuten Fußball zu spielen. Wenn er jedoch Erfolg haben wollte, musste er den Auen den Rücken kehren und sich in einem der fünf Ligavereine durchsetzen. Bisher hatte es dort kein Farbiger weiter als bis zum Müllmann oder Küchengehilfen geschafft.

4. Kapitel
SC Germania

Oscar Friedenreich war besorgt um seinen Sohn. Denn der zeigte sich immer exzentrischer und rebellischer. Seine Situation als einziger Farbiger im Nachwuchs der weißen Oberschicht hinterließ Spuren. Arthur suchte immer mehr die Flucht in den Fußball, wo er seine Kreativität ausleben konnte und anerkannt war. Oscar Friedenreich dagegen hoffte, dass sein Sohn Ingenieur oder Händler werden würde. Die Schulnoten versprachen aber nicht den Weg zur Universität. So setzte er auf seine letzte Karte: Wenn er Arthur einen Platz in einem Fußballverein verschaffen könnte, so würde dieser eventuell zufriedener sein und besser lernen. Außerdem war auch den wachen Vateraugen das Talent des Sprösslings nicht entgangen.

Also machte sich Oscar auf den Weg und setzte sich mit seinem Freund Hans Nobiling in Verbindung. Der war im Jahr 1897 als Angestellter der brasilianischen Bank für Deutschland nach São Paulo gekommen und wurde schnell zu einer der wichtigsten Persönlichkeiten in der deutschen Kolonie. Außerdem war er im Präsidium des Fußballverbandes und des Vereins SC Germania, dem Sportklub der deutschen Gemeinde in São Paulo.

Die Migration der Deutschen in diese Region stellte sich zunächst ähnlich dar wie im südlichen Santa Catarina. Im Jahr 1827 waren die ersten 127 Deutschen im Hafen von Santos angekommen. Wie in Santa Catarina, so wurde auch diesen

Hans Nobiling.

Siedlern die Fahrt aus Übersee von der brasilianischen Regierung finanziert. Ihnen wurde ein Gebiet auf der Hochebene von Santo Amaro zugewiesen. Die Deutschen sollten das Hinterland kultivieren und den Arbeitskräftemangel ausgleichen. Heute liegt der innerstädtische Flughafen Congonhas von São Paulo ganz in der Nähe von Santo Amaro, das schon lange eingemeindet ist. Aber die deutsche Prägung spürt man noch immer, denn hier gibt es Volksfeste mit Trachtentanz, eine Weinstube und deutsche Geschäfte, die Bücher, CDs oder Gebäck aus der ehemaligen Heimat verkaufen.

Bis in die 1890er Jahre sollten weitere 75.000 Deutsche im Hafen von Santos ankommen, von denen sich etwa 15.000 in Santo Amaro niederließen. Viele Deutsche wanderten damals aus, weil die Industrialisierung eine Masse von arbeitslosen Handwerkern schuf, die auf der Suche nach neuen Möglichkeiten waren. Nach dem deutsch-französischen Krieg von 1870/71 gesellten sich die entlassenen Söldner zu dieser Gruppe. Ihrer Lebensgrundlage beraubt, wanderten viele nach Brasilien aus.

Im Gegensatz zu den Südeuropäern neigten die Deutschen dazu, unter sich zu bleiben. So wurden regelrecht kleine Kopien der deutschen Heimatgemeinden mit Schulen, evangelischen Kirchen und Volkstanzgruppen gebildet. In diesen Dörfern musste man nicht einmal Portugiesisch lernen, da man sich in der Muttersprache zurechtfand. Den erhofften Reichtum fanden die deutschen Siedler jedoch nicht. Stattdessen mussten sie eine unbearbeitete Wildnis kultivieren, um sich wenigstens selbst versorgen zu können.

So bauten sie Mais, Bohnen, Reis und besonders Kartoffeln an, um nicht nur sich selbst, sondern das wachsende São Paulo mit Lebensmitteln zu beliefern. Das brachte ihnen schnell den Spitznamen »Batatas« (Kartoffeln) ein. Außerdem brachten die Migranten typisch deutsche Rezepte mit, darunter auch das Bier.

Luis Bücher gründete 1868 eine der ersten brasilianischen Brauereien, die zu dieser Zeit noch ein Ingwerbier herstellen mussten, da Malz und Hopfen fehlten. 1885 bemerkte er, dass die von Deutschen betriebene Wurstfabrik »Antartica« mehr Kühleis produzierte, als benötigt wurde. Da Bücher an diesem Eis interessiert war, verlegte er seine Brauerei in das Metzgereigebäude. Der Wurstfabrikant ging bankrott, und Bücher benutzte für sein Bier weiterhin den Namen »Antartica«. Damit war eine der größten brasilianischen Brauereien gegründet, die durch den fabrikeigenen Vergnügungspark mit dem Stadion »Parque Antartica« auch ihre Spuren im Fußball hinterlassen sollte. Noch heute benutzen die Brasilianer das Wort »Chopp« für Fassbier, das sich von dem erfolgreichen Schoppenbier Büchers ableitet.

Die Deutschen hinterließen tiefe Spuren in ihrer Gastgesellschaft. Im São Paulo des 19. Jahrhunderts wurden auch die Bäckerei Wickbold, die Metzgerei Eder und die Schokoladenfabrik Kopenhagen gegründet. Alle diese Unternehmen wuchsen kontinuierlich und bestehen bis heute.

In den 1890er Jahren änderte sich das Profil der deutschen Migranten. Die brasilianische Regierung zahlte keine Subventionen mehr, aber das deutsche Kaiserreich entdeckte sein Interesse an strategisch wichtigen Städten. Dazu zählte São Paulo. Der Mangel an Kolonien sollte durch verstärkte Handelsbeziehungen ausgeglichen werden. Die deutsche Reichsregierung beschloss, diplomatische Vertreter, Unternehmer und Handelsvertretungen in Übersee zu fördern. São Paulo war dabei wegen der Kaffeeproduktion ein besonders wichtiger Standort.

Die Konsequenz war, dass, ähnlich wie bei den Engländern, nun auch eine deutsche Verwaltungs- und Unternehmerelite nach São

»Und beim Mondschein erschrecken die Frösche«, ... da das Hans-Nobiling-Team eifrig trainiert. (Quelle: J.C.Lobo)

Paulo kam. Diese schloss sich sofort an die schon bestehenden deutschen Siedlungen an. Die Deutschen stellten also eine ethnisch homogene, aber sozial heterogene Gruppe dar.

Hans Nobiling stammte aus Hamburg und war einer dieser Handelsvertreter der deutschen Elite. Ihm standen alle Türen offen, und er musste sich keine Sorgen ums Überleben machen. So hatte er Zeit, um seiner Freizeitleidenschaft, dem Sport und insbesondere dem Fußball, zu frönen. Gleich nach seiner Ankunft machte er sich auf die Suche nach Mitspielern in der deutschen Kolonie. Er musste feststellen, dass in Brasilien noch keine Strukturen für den Sport vorhanden waren. Seit 1868 gab es in São Paulo einen deutschen Geselligkeitsverein und seit 1888 einen deutschen Turnverein. Dort fand er einige begeisterte junge Spieler. Vertreter des englischen SPAC konnte er überreden, dass deren Trainingsplatz auf dem Dulley Landhaus mitbenutzt werden durfte. Das Dulley Landhaus befand sich im Stadtteil Bom Retiro nördlich des Luz-Bahnhofes von São Paulo.

Ab dem Jahr 1898 begann das »Hans-Nobiling-Team« zu trainieren. Die Leidenschaft kannte keine Grenzen. Selbst bei Mondschein wurde eifrig gekickt, da der Platz tagsüber oft von den Engländern besetzt war. Anfang 1899 fühlte man sich fähig und fit genug, die Mannschaft von SPAC zu einem Vergleich herauszufordern. Diese reagierten jedoch nicht auf die Einladung. So wendete man sich an das Mackenzie College und konnte für den 5. März 1899 eine Partie vereinbaren. Diese endete friedlich 0:0.

Landausflug des SC Germania auf die Ilha das Palmas. (Quelle: EC Pinheiros)

Der SC Germania im Jahr 1903.

In den nächsten Monaten sollten mehrere solcher Spiele stattfinden. Auf eine erneute Einladung reagierte dann auch der SPAC, und so konnte sich das Hans-Nobiling-Team am 29. Juni 1899 mit den Engländern messen. Die 0:1-Niederlage vor 60 Zuschauern wurde als großer Erfolg für die deutschen Neuankömmlinge gefeiert. Nobiling selbst und die Brüder Wannschaft zeigten sich als die herausragenden Spieler. Man erachtete die Zeit als reif für die Gründung eines deutschen Fußballklubs.

Am 19. August 1899 trafen sich Nobiling und die Brüder Wannschaft mit weiteren 25 jungen Männern verschiedener Abstammung, darunter auch Portugiesen, Spanier, Italiener und Franzosen, um den Verein zu gründen. Die anwesenden Deutschen bestanden auf dem Namen »SC Germania«, aber die restlichen Teilnehmer lehnten diesen Vorschlag ab. Schließlich wurde der Klub »SC Internacional« getauft.

Nobiling war damit nicht zufrieden und beschloss mit anderen Vertretern der deutschen Gemeinde, einen eigenen Verein zu gründen. Am 7. September 1899 war es dann endlich so weit: Der SC Germania erblickte das Licht der Welt. Sein Name ist eine Hommage an Nobilings Verein in Hamburg, den SC Germania von 1888, einem Vor-

»Charles Miller brachte den Ball, Hans Nobiling die Technik und Casimiro da Costa das Geld.« (Quelle: J.C.Lobo)

gängerverein des Hamburger SV. Die Vereinsfarben Blau und Schwarz wurden ebenfalls übernommen und haben bis heute Bestand.

Der SC Germania sollte allen Mitgliedern der deutschen Kolonie ohne Diskriminierung bestimmter sozialer Klassen offen stehen. Die Vereinsphilosophie orientierte sich eng an den Vorstellungen in der Heimat: Volkserziehung hin zu körperlich gesunden und leistungsfähigen Bürgern. Schnell wurden verschiedenste Sportarten, gesellige Veranstaltungen und ein Kulturprogramm aufgenommen. Die Harmonie des Menschen mit der Natur war ein Grundprinzip, und so wurden Landausflüge zu einem Markenzeichen des Vereins. Deutsche sollten sich bei Germania wie in einer Familie fühlen.

Nobiling war auch einer der führenden Köpfe bei der Gründung des Fußballverbandes von São Paulo. Gemeinsam mit Charles Miller und Antônio Casimiro da Costa organisierte er ein Treffen für den 14. Dezember 1901 mit Vertretern der fünf existierenden Elitevereine. Da Costa legte ein Finanzierungsprogramm für die Fußballliga vor, stiftete den Ball und den Meisterpokal. Damit war der Weg frei für Verband und Meisterschaft. Im Jahr 1902 gab es bereits den ersten Meister: Charles Millers SPAC.

Der SC Germania hatte dagegen Anlaufschwierigkeiten. Erst als ab dem Jahr 1903 der als Superathlet beschriebene Hermann Friese in den Verein eintrat, kam man auf die Erfolgsspur. Wie Hans Nobiling stammte Friese aus Hamburg und hatte dort erfolgreich für den HSV-Vorläufer Germania gekickt. Er wird als äußerst robuster Stürmer charakterisiert, der in São Paulo den typisch deutschen Kraftfußball einführte. Die brasilianischen Abwehrreihen wackelten vor ihm. Außerdem war Friese Leichtathlet und gewann mehrere internationale Medaillen in Deutschland, Böhmen und Uruguay.

Hermann Friese in der Mitte der zweiten Reihe, 1906. (Quelle: EC Pinheiros)

1905 wurde Germania Vizemeister und Friese Torschützenkönig mit 14 Toren. Ein Jahr später sollte man dann endlich die Meisterschaft für sich entscheiden. Dieses Kunststück wurde aber nur noch einmal, nämlich 1915, wiederholt.

Doch zuvor fand das Gespräch zwischen Hans Nobiling und Oscar Friedenreich über Arthurs Zukunft statt. Es sollte darüber entscheiden, ob Arthur aufgrund seiner Hautfarbe abgelehnt oder als Deutscher akzeptiert werden würde. Nobiling war jedoch nicht nur deutscher Patriot, sondern auch ein Fußballfanatiker. Deshalb wurde es nicht schwer, ihn zur Aufnahme Arthurs zu überreden. Das entscheidende Wort dazu kam von Hermann Friese, der Germania trainierte, als Arthur zum Test vorspielte. Er erkannte sofort das Potenzial des jungen Talents.

Anfang 1909 war es so weit: Mit nur 16 Jahren begann der spindeldürre Mulatte Friedenreich bei einem Eliteklub. Doch der Anfang war schwer. Die kräftigen deutschen Spieler überrannten den Hänfling und hatten kein Verständnis für seine filigrane Spielweise. Bei den Spielen mit der Auenmannschaft Bexiga in den Tietê-Auen war er als Mittelstürmer eingesetzt worden. Im Gegensatz dazu endete er bei Germania auf einer Position hinter den Spitzen.

Friedenreich (vorne Zweiter von rechts, mit Mütze) bei Germania im Jahr 1909. (Quelle: EC Pinheiros)

Arthur fühlte sich nicht wohl. Er begann seine Kräuselhaare mit heißen Tüchern und Gel zu glätten. Manchmal spielte er sogar mit Haarnetz. Deshalb betrat er immer als Letzter den Platz. Unter diesem psychischen Druck litten seine Leistungen, und er schaffte den Sprung in die erste Mannschaft nicht. Ein einziges offizielles Spiel gegen »The London«, von dem weder Ergebnis noch Torschützen überliefert sind, fand mit seiner Teilnahme statt. Er konnte sich nicht durchsetzen und kam mit seinen deutschen Teamkollegen nicht zurecht. Später sollte er sie in einem Interview als »verstellt« beschreiben.

Friedenreich wurde in die zweite Mannschaft integriert. Doch die Unzufriedenheit wuchs nicht nur bei ihm, sondern auch bei einigen Mannschaftskollegen.

Zwischenzeitlich hatten sich neue Klubs formiert, die in den Verband aufgenommen wurden: AA dos Palmeiras (1902; keinerlei Zusammenhang zu dem heutigen Profiverein Palmeiras), Scotish Wanderers, SC Americano (1903) und CA Ypiranga (1906).

Letzterer gewann 1910 die Qualifikationsspiele zur Liga und wurde neuestes Mitglied in der Elite. Dies war die Chance für die Rebellen der zweiten Mannschaft von Germania, die mitsamt Friedenreich zu Ypiranga wechselten. Doch der Durchbruch ließ auf sich warten. Während des ganzen Jahres 1910 wurde Friedenreich nur für zwei Spiele gegen Germania (3:1) und Americano (0:4) aufgestellt. Seine Leistung war eher unauffällig.

1911 kehrte er zu Germania zurück. Am 13. Mai dieses Jahres wurde er in die erste Mannschaft berufen, und ihm gelang sein erstes offizielles Tor. Trotzdem konnte er die 1:2-Niederlage nicht verhindern. Insgesamt absolvierte Friedenreich 13 Spiele in dieser Saison, in der vier Tore von ihm überliefert sind.

In den nächsten Jahren sollte Friedenreich eine Odyssee durch São Paulos Fußballklubs antreten. Seinen Durchbruch schaffte er im darauffolgenden Jahr bei der Mannschaft seiner Schule Mackenzie. Im zweiten Spiel der Meisterschaft sollten ihm ausgerechnet gegen seinen Ex-Klub Ypiranga vier Tore zu einem sensationellen 8:2-Sieg gelingen. Der Name Friedenreich war in aller Munde. Das sollte lange währen. In seinen elf Spielen der Saison 1912 erzielte er 16 Treffer und wurde zum ersten Mal in seinem Leben Torschützenkönig. Zuschauer und Presse waren begeistert. Die Berufung in die Auswahlmannschaften São Paulos war die logische Konsequenz. In fünf Spielen gegen verschiedene ausländische Teams aus Argentinien und Chile markierte er drei Tore.

Deutsches Vereinsleben beim SC Germania: Geburtstag von Hindenburg 1927. (Quelle: EC Pinheiros)

Der Name Friedenreich war zu kompliziert für seine brasilianischen Mitbürger. So erhielt er seinen ersten Spitznamen: Fried. Er hatte es geschafft. Fried hatte sich gegen alle rassistischen Vorurteile durchgesetzt und wurde zu einem festen Namen in der Elite des Fußballs.

1913 kehrte er zunächst zu Ypiranga zurück und geriet mitten in eine Krise. Friedenreich wurde akzeptiert, doch andere Spieler aus den

Chacara Witte, erster vereinseigener Sportplatz des SC Germania. (Quelle: EC Pinheiros)

Vororten drängten in den Fußball, und schwelende Konflikte in der Liga brachen erneut auf. Dies hatte schwerwiegende Folgen und sollte auch Friedenreich in seiner Karriere zurückwerfen.

Der Eliteverein Athletico Paulistano entwickelte sich zu dem dominierenden Klub der Zeit. Seine Vereinsführung wollte die Aufnahme von Spielern aus unteren Schichten nicht mehr dulden und begann einen Streit innerhalb des Fußballverbandes. Dieser wurde mit einem vorgeschobenen Grund provoziert. Die Spiele der Liga wurden im Parque-Antartica-Stadion ausgetragen. Besonders Germania pochte auf diesen Platz, da man sich hier heimisch fühlte. Paulistano jedoch hatte das Velodrom als Heimstadion auserkoren und wollte dies auch zur ofiziellen Spielstätte der Liga machen. Germania akzeptierte dies nicht, und Paulistano trat aus dem Verband aus.

In Wahrheit ging es in diesem Streit jedoch um Machtkämpfe verschiedener Klassen. Paulistano wollte, wie gesagt, die zunehmende Präsenz von Spielern aus unteren sozialen Schichten verhindern. Germania war einer der Vereine, der auch ärmere Spieler zuließ, soweit sie deutscher Abstammung waren. Der wichtigste Mechanismus, um Mittellose aus dem Fußball auszuschließen, war jedoch das Amateurideal. Menschen aus den unteren Schichten waren auf Bezahlung angewiesen, um täglich trainieren zu können. Deshalb bekämpfte Paulistano vehement den Professionalismus.

Die Konsequenz war die Gründung einer neuen Amateurliga APEA (Associação Paulista de Esportes Atléticos) am 22. April 1913, die ihren Spielbetrieb parallel zur LPF (Liga Paulista de Futebol) aufnahm. Einige Öffnungstendenzen wurden somit zurückgedrängt, und der Geldadel konnte weiterhin unter Seinesgleichen dem runden Leder hinterherlaufen. Der APEA traten AA Palmeiras, Mackenzie, Ypiranga, Scotish Wanderers und Athletico Paulistano bei. In der LPF verblieben Americano, Internacional und Germania, die ab diesem Augenblick die »drei Musketiere« genannt wurden.

Für Friedenreich bedeutete dies turbulente Zeiten. In den nächsten vier Jahren sollte er zehnmal den Verein wechseln. Noch 1913 wurde er von Americano eingeladen, um das Team auf einer Reise nach Argentinien und Uruguay zu unterstützen. Es war der erste Auslandsaufenthalt einer brasilianischen Mannschaft. In den Jahren 1914 und 1917 wurde er erneut Torschützenkönig der APEA-Liga, zunächst bei Paulistano, dann bei Ypiranga im Einsatz.

Die aus nur drei Vereinen bestehende LPF stand von Beginn an auf verlorenem Posten und musste 1917 aufgeben. Die APEA hatte sich durchgesetzt und bestand nun als einzige Fußballliga São Paulos weiter. Der Fußball blieb vorerst ein Amateursport der Oberschicht.

Friedenreich konnte sein Talent und seine Leistung zeigen. Er war bekannt und anerkannt. Aber er hatte noch keinen Titel gewonnen. Die konstante und reguläre Bindung an einen Topverein wurde zur dringenden Voraussetzung, um eine wirklich herausragende Karriere zu schaffen.

5. Kapitel
Club Athletico Paulistano

Konstanz erreichte Arthur Friedenreich bei dem Spitzenverein Athletico Paulistano. Dort zeigte er von 1917 bis 1929 den besten Fußball, den Brasilien damals zu bieten hatte, und gewann die ersehnten Trophäen. Diese zwölf Jahre sollten zu einer goldenen Zeit für Friedenreich und Paulistano werden.

Athletico Paulistano wurde am 29. Dezember 1900 von einer Gruppe junger Männer aus der gut betuchten Gesellschaft in dem feinen Wirtshaus »Rotisserie Sportsman« im historischen Zentrum São Paulos gegründet. Die Studenten Sílvio Penteado, Renato Miranda, Ibanez de Moraes Salles und Olavo Paes de Barros hatten schon mehrfach Spiele der sogenannten ausländischen Mannschaften von SPAC, Mackenzie oder Germania gesehen und waren fasziniert. Eines Abends wurden sie bei einem ihrer Treffen in der Rotisserie Sportsman von einem Vertreter des SPAC angesprochen, der sie anwerben wollte.

Die Idee ging den vier Freunden nicht mehr aus dem Kopf. »Wir können selber Fußball spielen und das in unserem eigenen Verein«, sagten sie sich. »Warum sollen wir in einem ausländischen Verein spielen? Wir müssen einen Klub für die Brasilianer gründen.« Die zukünftigen Vereinsgründer waren praktisch veranlagt und überlegten, wo sie ihr Training und ihre Spiele austragen könnten. Die erlösende Idee war der Innenraum des Velodroms. Deshalb luden sie ihren Studienkollegen Antonio da Silva Prado Junior zur Vereinsgründung ein, denn er war der Enkel der Besitzerin des Velodroms, Veridiana da Silva Prado.

Die Tageszeitung »Correio Paulistano« vermeldete am Tag nach diesem geschichtsträchtigen Treffen: »Wir begrüßen mit warmem Applaus diese brillante Initiative und verfolgen mit lebendigster Sympathie die Entwicklung und das Wohlergehen des Club Athletico, dessen Gründung nicht nur dem Wunsch nach reinem Vergnügen, sondern auch dem höchsten Verständnis einer ganzheitlichen Erziehung dient.«

Somit war der erste rein brasilianische Fußballverein gegründet, der aber auch schnell andere Sportarten aufnahm. Die Vereinssatzung sah deshalb auch ein Limit für ausländische Mitglieder vor, ihr Anteil durfte ein Drittel der Gesamtzahl nicht übersteigen. Doch zunächst musste Veridiana da Silva Prado von dem Nutzen des neuen Ballsportes überzeugt werden. Mit Hilfe ihres Enkels Antonio und einer monatlichen Miete gelang das relativ schnell. So wurde auch das Ende der Radrennen im Velodrom eingeläutet.

Die Familie Prado sollte sich zu den großen Gönnern und Aktiven des Paulistano entwickeln. So hatten sie von Beginn an eine eigene Loge im Velodrom. Die Vereinsfarben wurden von Plínio da Silva Prado vorgeschlagen, der damit seine Gastuniversität Harvard nach einem USA-Aufenthalt ehren wollte. Deshalb spielte man in weißer Kleidung mit einigen roten Details, wie das Vereinswappen und eine Art Gürtel um die Hüften. Die Trikots orientierten sich an der Mode der Zeit mit

Die Mannschaft von Paulistano im Jahr 1918. Friedenreich sitzt vorne in der Mitte. (Quelle: CCMW-IEP)

Das entscheidende Tor von Paulistano gegen SPAC im Finale der Meisterschaft von São Paulo im Jahr 1905 im Velodrom.

ihren langen Ärmeln und Hosenbeinen. Außerdem konnte man die Hemden zuknöpfen.

Paulistano war und blieb der Verein der schicken Oberschicht. Aber er bildete auch den Scheidepunkt, der den Fußball brasilianisch machte. Ein erstes Anzeichen dafür war, dass sich ein ganz eigenes Zuschauerverhalten entwickelte, das man in dieser Art noch nie zuvor gesehen hatte. Der Spieler Renato Miranda hatte bei seinem Studienaufenthalt in Massachusetts beobachtet, wie dort Athleten mit »Go, go, go«-Rufen angefeuert wurden. Diese Idee fand er so gut, dass er vorschlug, sie durch das französische »Allez-gohack«, das ebenfalls »Auf geht's« bedeutet, zu ersetzen und den Schlachtruf »Aleguá, guá, guá« zu bilden. Die Idee wurde umgehend von Zuschauern aufgenommen. Das »Aleguá, guá, guá« wurde zum Markenzeichen der Paulistano-Spiele.

Der Verein war in Mode und stellte schnell eine der besten Mannschaften; nur die Engländer vom SPAC konnte man in den ersten Jahren nicht bezwingen. Aber 1905 war es endlich so weit, und Paulistano gewann seine erste Stadtmeisterschaft. Auf den Rängen sah man ein für den heutigen Fußballfan seltsam anmutendes Spektakel. Die Herren trugen trotz tropischen Klimas Anzug und Zylinder, während die Damen im langen Kleid, das beschämt jegliches Stück Haut vom Fuß über die Knöchel bis zum Hals bedeckte, auftraten. Die jungen Mädchen liebten es, zum Fußball zu gehen, denn so konnten sie ihrem häuslichen Dasein zeitweilig entfliehen und nach jungen Herren Ausschau halten. Es war jedoch undenkbar für sie, unbegleitet zu erscheinen. Man sagt aber, dass trotz schärfster Beobachtung viele Flirts und daraus resultierende Ehen auf den Tribünen des CA Paulistano begannen.

Der Zuschauerzuspruch ermutigte die Vereinsführung, das Velodrom auszubauen und einen sozialen Treffpunkt einzurichten. Deshalb wurde das Gelände des Velodroms um ein Schwimmbecken und Tennisplätze erweitert. Das Velodrom fasste nun 5.000 Zuschauer und war nicht selten ausverkauft. Außerdem wurden die Tribünen renoviert und Klubräume installiert. Der »Five o'Clock Tea« und Gartenpartys wurden zur Institution, bei der man Brettspiele, Tennis und Tischtennis sowie Crocket spielte. Besonders Tennis entwickelte sich zum Damensport, den die Ladys züchtig bedeckt im langen weißen Kleid ausüben mussten. Trotz der Brasilianisierung blieb England das Vorbild für die feinen Herrschaften.

Noch im Jahr 1905 kam es zu einem Zerwürfnis, als der Mannschaftskapitän Jorge Mesquita der Vereinsführung vorwarf, nicht die besten, sondern die beliebtesten Spieler aufzustellen. Die Konsequenz war der Verlust des halben Teams. Die darauf folgende Krise provozierte eine Pioniertat: Paulistano war der erste brasilianische Verein, der einen Trainer unter Vertrag nahm. Dabei wollte man sich auch nicht lumpen lassen und verpflichtete den Engländer John Hamilton von Fulham FC. Die Idee brachte aber nichts, denn Hamilton betrachtete seinen Brasilien-Aufenthalt als bezahlten Urlaub und interessierte sich mehr für die Mädchen auf der Tribüne als für die Jungs auf dem Platz.

Auch ohne englische Hilfe fand Paulistano wieder zurück in die Erfolgsspur und konnte die Meisterschaften von 1908 und 1913 für sich entscheiden. Die Mitgliederzahlen stiegen in dieser Zeit von 59 auf über 300. Doch im selben Jahr ereignete sich die Krise, die zur Neugründung der APEA-Liga in Konkurrenz zur schon existierenden LPF führte. Paulistano war die führende Kraft in dieser Auseinandersetzung. Antonio Prado wurde zum Präsidenten des neuen Verbandes gewählt, der mit dieser Maßnahme gegen die »fehlende Disziplin auf dem Rasen« vorgehen wollte, die er für den Zuschauerschwund verantwortlich machte.

Tatsächlich spielte sich eine Art Klassenkampf ab. Immer mehr Spieler aus unteren Schichten fanden Zugang zu den Vereinen und zeigten ein ihrem sozialen Umfeld angemessenes Verhalten. Das Publikum gehörte jedoch der High Society an und kehrte dem Spektakel den Rücken. Außerdem begann sich eine Art Freizeitindustrie zu entwickeln, die besonders den Frauen Alternativen bot. Musikveranstaltungen und Kunstausstellungen wurden fester Bestandteil des Kulturprogrammes. Anita Malfatti, die Diva der modernen Kunstbewegung São Paulos, zeigte 1914 nach einem Frankreich-Aufenthalt zum ersten Mal ihre Werke in einem der neuen großen Einkaufshäuser. Auch Parfum, Schmuck und besonders Kleider mit Dekolletees kamen aus Paris und bedeuteten eine gewisse Liberalisierung. Außerdem kam mit dem Cinematografen auch das erste pornografische Kino.

Die Gesellschaft begann sich zu verändern, aber Prado entschied den Kampf vorerst zu Gunsten seiner traditionellen und konservativen Vereinsmitglieder. Die APEA sollte über fast zwei Jahrzehnte den Fußball in São Paulo bestimmen und so den Elitesport konservieren.

Das Velodrom etablierte sich als Spielstätte für internationale Begegnungen und wurde auf ein Fassungsvermögen von 10.000 Zuschauern

Das 1911 eröffnete Teatro Municipal.

Die neuen Tribünen des Jardim América Stadions.

erweitert. Neben den schon erwähnten Gastauftritten einer südafrikanischen Mannschaft (1906) und der Corinthian Casuals (1910) konnten auch Teams aus Uruguay (1910), Portugal (1913) und Italien (1914) begrüßt werden. Der erste brasilianische Sieg konnte am 4. September 1912 gegen eine argentinische Auswahl verbucht werden. Eine Auswahl São Paulos konnte ein 4:3-Ergebnis herausspielen.

Doch dann kam im Jahr 1915 der Schock: Die Stadtverwaltung verabschiedete ein Urbanisierungsprogramm, dem das Velodrom zum Opfer fiel. Es wurde zwangsenteignet. São Paulo hatte sich verändert. Seit 1911 gab es im ganzen Stadtgebiet elektrisches Licht. Im selben Jahr wurde das große Theater im Zentrum eingeweiht und dominierte das Stadtbild. Die Bevölkerung war auf circa 500.000 angewachsen. Im Jahr 1912 bekam Esso die erste Erlaubnis zum Benzinverkauf für circa 2.500 Automobile, die in São Paulo schon existierten. Die Avenida Paulista, die 1896 noch wie Größenwahn anmutete, wurde inzwischen rege genutzt. Urbane Regulierungsmaßnahmen, die auf dieses Wachstum reagierten, mussten dringend ergriffen werden.

Viele dachten, dass dies das Ende von Paulistano bedeuten würde. Die Mitgliederzahl ging auf 15 zurück. Vereinspräsident Jose Carlos de Macedo Soares musste einen Klub verwalten, der keine Heimat mehr hatte und gerade mal eine einzige Mannschaft aufstellen konnte. Für die Trainingseinheiten und Spiele mussten andere Klubs Unterschlupf gewähren. Doch einmal mehr konnte man sich auf das Engagement und den Einfluss von Antonio Prado verlassen, der in Verhandlungen mit dem Bürgermeister und späteren Präsidenten Brasiliens Washington Luís trat.

Ergebnis war, dass die Stadtverwaltung ein noch recht unwirtlich aussehendes Gebiet von 40.000 m² jenseits der Avenida Paulista im sogenannten Jardim América auswählte und dem CA Paulistano anbot. Die noch unbewohnte Region sollte urbanisiert werden, und da wäre ein Sportklub eine interessante Bereicherung. Prados Verhandlunggeschick ermöglichte einen Vertrag, nach dem ein Teil des Grundstücks für das verlorene Velodrom eingetauscht und der Rest in Raten abbezahlt werden konnte. Niemand ahnte damals, dass sich hier der schickste Stadtteil São Paulos entwickeln würde, der dem Verein zu 40.000 m² des wertvollsten Bodens verhalf. Bis heute befindet sich hier in der Rua Honduras der Vereinssitz.

Das Vertrauen der Sportfreunde in den Verein kehrte zurück, und Ende 1916 konnte Paulistano wieder 238 Mitglieder verzeichnen. Außerdem wurde trotz der widrigen Lage die Meisterschaft dieses Jahres gewonnen. Die Krise erwies sich als Neuanfang, der einen Aufbruch darstellte, von dem Paulistano nur profitierte.

In dieser Zeit der tiefgreifenden Umstrukturierung stieß Friedenreich zum Kader. Der Kontakt wurde schon während einiger Freundschaftsspiele im Jahr 1916 geknüpft. Aber der definitive Wechsel von Ypiranga zu Paulistano realisierte sich erst im August 1917. Friedenreichs neuer Verein verteidigte erfolgreich die Meisterschaft, und so gewann er endlich seinen ersten Titel. Die LPF-Liga hatte inzwischen aufgegeben. Komplettiert wurde dieses erfolgreiche Jahr mit der Einweihung des neuen, beeindruckenden Vereinsgeländes am 29. Dezember 1917. Prachtstück war neben dem Verwaltungsgebäude eine 2.000 Personen fassende Tribüne. Um das Spielfeld des Jardim América herum fanden weitere 13.000 Zuschauer Platz. Die Mitgliederzahl stieg auf 700. Das Vereinsleben hatte sich beruhigt und eine optimale Ausgansposition geschaffen, um die nächsten Jahre des Fußballs zu bestimmen.

Mit seinem neuen Stürmerstar Friedenreich machte sich Paulistano auf, die Liga zu dominieren. Auch in den Jahren 1918 und 1919 ging der Meistertitel an die Rua Honduras. Somit wurde Paulistano viermal in Folge Meister (Tetracampeão). Ein Kunststück, das bis heute keiner anderen Mannschaft gelungen ist. Außerdem wurde

Friedenreich vorne in der Mitte bei Paulistano im Jahr 1921. (Quelle: CCMW-IEP)

Friedenreich in den ersten drei Jahren seiner Vereinszugehörigkeit Torschützenkönig. Zwischenzeitlich brach in São Paulo die Spanische Grippe aus. Tausende Menschen wurden von dieser Seuche dahingerafft. Deshalb wurde der Spielbetrieb im November 1918 unterbrochen. Paulistano evakuierte seinen weiträumigen Vereinssitz und stellte ihn dem Gesundheitsamt zur Verfügung. Notdürftig wurde hier ein Lazarett für Infizierte errichtet. Der Titel von 1918 wurde deshalb erst im Januar 1919 vergeben. Auch privat konnte Friedenreich seine Erfolge erzielen. Ende 1919 heiratete er seine Joana, mit der er 50 Jahre, bis zu seinem Tod, verheiratet blieb. Das Paar hatte einen Sohn mit Namen Oscar.

Im Jahr 1920 wurde in Rio de Janeiro ein Miniturnier ausgetragen, das von den Veranstaltern den Namen »Erste Brasilianische Fußballmeisterschaft« erhielt. Paulistano gewann dabei 7:3 gegen Brasil aus Pelotas und 4:1 gegen Fluminense aus Rio de Janeiro. »Fried« erzielte vier Tore und wurde mit seiner Mannschaft brasilianischer Meister, auch wenn dieser Titel vom Verband nicht anerkannt wurde. 1921 konnte Paulistano nach einem Jahr Unterbrechung erneut die Meisterschaft São Paulos gewinnen, und Friedenreich wurde wieder einmal Torschützenkönig.

Das »Chaosquartett« (Fried mit Gitarre) im Kreis der übrigen Spieler.

Der Verein begann über die Landesgrenzen hinaus bekannt zu werden. Deswegen gab es schon mehrfach Freundschaftsspiele mit Mannschaften aus Argentinien oder Uruguay. Doch Antonio Prado wollte mehr. Er trat mit Verantwortlichen des Pariser Klubs Stade Français in Kontakt und organisierte den ersten Europaausflug eines brasilianischen Teams. Mit diesem Abenteuer sollte eines der glorreichsten Kapitel im Leben Friedenreichs geschrieben werden.

Am 10. Februar 1925 legte der Dampfer »Zeelândia« mit der Delegation des CA Paulistano im Hafen von Santos ab. Die 22 Spieler, darunter auch der Gastspieler Arakén Patuska von Santos, dem wir den Reisebericht verdanken, sollten ganze drei Monate fern der Heimat verbringen. Einen davon auf hoher See. Die Übelkeit und Langeweile entwickelte sich dabei zur ersten großen Hürde. Mit stundenlangen Schach- und Pokerduellen sollten diese bekämpft werden. Im Poker war niemand Friedenreich gewachsen.

Langeweile macht erfinderisch, und so gründete Delegationsleiter Mário de Macedo ein Jazz-Quartett. Friedenreich ergriff die Gitarre,

Miguel Feite die Geige, Arakén Patuska die Rassel und Netinha gab den Takt mit einer Streichholzschachtel vor. Die Gruppe nannte sich »Chaosquartett« und traf sich später bezeichnenderweise nur noch zum Fußballspielen und nie mehr zum Musizieren.

Nach der Ankunft in Paris am 28. Februar 1925 stand das erste Spiel gegen eine französische Auswahl am 15. März 1925 an. Man hatte also mehr als zwei Wochen Zeit, um Paris kennenzulernen. Louvre, Eiffelturm und das Moulin Rouge wurden besucht. Auf konzentrierte Trainingslager legte man offenbar noch keinen großen Wert. Die Spieler nutzten den Aufenthalt eher dazu, eine große Party zu feiern. Fast täglich wurde eine Gruppe vermisst, die dann spät nachts aus irgendeiner Kneipe oder dem Tanzklub »Fantasio« zurückkehrte. Irgendwann wurde es dem mitgereisten Antonio Prado zu bunt. »Der Nächste, den ich nach 22 Uhr noch außer Haus erwische, fährt umgehend nach São Paulo zurück!« Es sollte ausgerechnet Friedenreich erwischen. Prado war unerbittlich, und die folgenden Verhandlungen dauerten die ganze Nacht. Frieds Lobby waren die französischen Vereine, die ihn spielen sehen wollten. Dann wurde sogar der brasilianische Botschafter in Paris gerufen. Dieser legte ein gutes Wort bei Prado ein und verhinderte Friedenreichs Bestrafung.

Somit konnte Paulistano am 15. März 1925 mit dem Stürmerstar gegen eine französische Auswahl antreten. Im vollbesetzten Stade de Buffalo befanden sich auch der zukünftige Präsident Brasiliens, Washington Luís, der Prinz von Orleans und Bragança (der brasilianische

Die Könige des Fußballs und ihr General Antonio da Silva Prado aus der Sicht der Zeitschrift »Frou-Frou« (Fried vorne rechts). (Quelle: CCMW-IEP)

Thronfolger) und der Botschafter. Die Legende sagt, dass sogar Jules Rimet zugegen gewesen sei.

Der französischen Presse war die eher zierliche Statur der Brasilianer aufgefallen, die deswegen »Die Kleinen« genannt wurden. Aufgrund dessen und wegen der erwarteten Klimaschwierigkeiten wurde Paulistano keine Siegesaussicht prognostiziert. Tatsächlich rutschten die brasilianischen Spieler zunächst ständig auf dem vom Schnee aufgeweichten Boden aus. Die logische Konsequenz war das 1:0 für Frankreich. Aber kurz danach konnte Barthô ausgleichen. Die Brasilianer begannen Stehvermögen zu entwickeln, und dann konnte sie niemand mehr halten. Das Endergebnis war ein sensationelles 7:2.

Die französische Presse überschlug sich tags darauf förmlich. Von *Paris Soir* wurden die Spieler zu den »Königen des Fußballs« gekrönt. Besonders fiel den Reportern die Leistung von Friedenreich auf, der deswegen den Titel »König der Könige« bekam. Spontan wurden weitere Spiele vereinbart, denn ganz Frankreich wollte nun die Könige des Fußballs sehen.

Am 26. März 1925 spielte man am selben Ort gegen Stade de Français und gewann 3:1. Drei Tage später setzte es gegen Cette im

Mit Pullis gegen die Kälte: Paulistano in Europa.

Friedenreich (vorne Mitte) und Paulistano in Frankreich. Vorne links sieht man Filó, der später mit Italien Weltmeister wurde. (Quelle: CCMW-IEP)

Schneegestöber mit 0:1 die einzige Niederlage der Reise. Anschließend fuhr man nach Bordeaux, wo das Spiel gegen den Club Bastienne am 1. April 1925 mit 4:0 gewonnen wurde. In Le Havre konnte man am 3. April 1925 die Begegnung mit 2:1 für sich entscheiden. Schließlich näherte sich mit Straßburg die vorerst letzte Station in Frankreich. Mit 2:1 gewann man auch dieses Aufeinandertreffen am 10. April 1925.

Die Pariser Zeitung *Sporting* beurteilte Friedenreichs Leistung folgendermaßen: »Friedenreich schießt schnell und geschickt und darüber hinaus gelingt es ihm, dass seine Kollegen mit ihm spielen. Seine kurzen und schnellen Pässe überraschten unsere Verteidiger so sehr, dass sie nicht einmal den Ball berühren konnten.«

Weiter ging es in die Schweiz, wo man schon am nächsten Tag gegen Auto Tour Bern antrat und 2:0 gewann. Schließlich musste sich am 13. April 1925 auch eine Schweizer Auswahl mit einer 1:0-Niederlage zufrieden geben. Dann ging es wieder zurück nach Frankreich, wo man am 19. April 1925 den CA Rouen mit 3:2 besiegte. In der Normandie bestieg man dann den Dampfer »Flandria«, der sich in Richtung Brasilien in Bewegung setzte.

Der Ozeanriese musste in Lissabon vor Anker gehen, da einige Reisende zustiegen. Örtliche Würdenträger und Fußballbegeisterte erfuhren von der Präsenz des CA Paulistano und erbettelten eine Partie gegen eine portugiesische Auswahl. Friedenreich und Co zogen sich auf dem Schiff um und wurden zum nächsten Spielfeld gefahren. Dort gewannen sie in einem verkürzten Spiel von 60 Minuten 6:0 und kehrten schnurstracks wieder zurück. Die Überfahrt konnte fortgesetzt werden.

Der Saldo dieses Europa-Ausfluges war beeindruckend. Paulistano gewann neun der zehn ausgetragenen Begegnungen und erzielte dabei 30:8 Tore. Elf gingen auf das Konto von Friedenreich. Den europäischen Gegenspielern verging Hören und Sehen.

Die Kunde dieser hervorragenden Leistungen hatte sich auch schon in Brasilien herumgesprochen. Am 12. Mai 1925 kam die »Flandria« im Hafen von Rio de Janeiro an. Eine jubelnde Menge hatte sich eingefunden, um die Helden zu begrüßen. In offenen Autos formte sich ein Triumphzug, der die Spieler vom Hafen über die Avenida Rio Branco bis zum Präsidentenpalast Catete brachte. Dort wurden sie vom Präsidenten Artur Bernardes höchstpersönlich begrüßt, der ihnen ein Festmahl anbot.

Tags darauf ging es weiter mit dem Zug nach São Paulo, wo alle Geschäfte zur Feier des Tages geschlossen hatten. Die Bilder eines Triumphzuges durch die jubelnden Massen wiederholten sich. Endstation war diesmal der Vereinssitz, wo es erneut ein Festmahl mit vielen Reden und Musik gab. Die Spieler bekamen die gleichen Ehren wie Jahrzehnte später ihre Kollegen, die Weltmeister werden sollten.

Die brasilianische Sportpresse dieser Zeit berichtete noch in sehr trockener Form über Spiele. Meist wurden nur statistische Eckdaten wie Torschütze und Spielminute angegeben. Die Spieler wurden ganz allgemein als »wunderbare Kavaliere« bezeichnet. Die Frankreich-Reise von Paulistano stellt eine Ausnahme dar, da es Presseberichte aus Europa gibt und der Spieler Arakén Patuska seine Erlebnisse veröffentlicht hat.

Im Jahr 1928 begann der Sportjournalist Mazzoni seinen jährlichen Sportalmanach zu veröffentlichen, in dem er diese Informationen zusammenfasste und eine erste Bewertung von Friedenreichs Karriere wagte:

Paulistano mit Fried (hinten rechts) bei Präsident Bernardes (Mitte mit Brille).

»Es ist noch sehr früh, eine abschließende Bewertung von Friedenreichs Leistung zu machen. Er wurde für das Fußballspiel geboren, und wir wissen nicht, was er sich für die restlichen Jahre seiner aktiven Zeit aufgehoben hat. Aber wir können sicher sein, dass Arthur die ideale Personifizierung eines Stürmers ist.

Die Zeit und die Erfahrung trugen dazu bei, zu dieser Perfektion zu gelangen. Früher spielte die ganze Mannschaft für ihn. Seine Aktivitäten erstreckten sich über alle Bereiche des Spielfeldes, in denen er verschiedenste Aktionen ausführte. Während des ganzen Spieles zeigte er seine Finten, die aus ihm einen Künstler und Jongleur machten, oder gewagte Vorstöße, mit denen er eine komplette Abwehr auf sich zog. Er hatte Energie im Überfluss und zeigte so dem Publikum virtuose Spielzüge von seltener Schönheit. Fried zog sowohl den Ball als auch den Gegner und das Publikum in seinen Bann.

Im Verlauf seiner Kariere entwickelte er sich vom wagemutigen Stürmer, der vom eigenen Strafraum bis zum gegnerischen Gehäuse mit verspielter ›Kunst‹ Zeit verlor, zu einem ›Gelehrten‹, einem Meister der Meister. Damit hat vielleicht das Publikum die Sensationen von früher verloren, aber die Mannschaft, für die diese Figur berechenbarer war, gewann viel. Fried spielt heute mannschaftsdienlich und praktiziert *keine Finten oder Schritte und bewegt sich nicht, wenn er nicht absolut sicher ist, dass er daraus einen Vorteil gegenüber dem Gegner erarbeiten kann.*

Diese Spielzüge entwickelt er bis zum gegnerischen Strafraum, und wenn er dort angekommen ist, zeigt sich nicht nur der Techniker von heute, sondern auch der Künstler und Virtuose von gestern. Dort zeigt er alle Künste seiner Erfahrung und Schule, indem er zum einen Verzweiflung unter den gegnerischen Abwehrreihen provoziert und zum anderen seine Geistesblitze umsetzt, die, wenn der Fußball als Kunst anerkannt wäre, ihm den Titel des Meisters einbringen würden, so groß ist die Perfektion und Schönheit, mit der er sie immer dann anbringt, wenn ein Schuss oder eine Befreiung unmöglich erscheinen. Dann vereint Fried den Wagemut und das Ungestüm mit den unbesiegbarsten Geheimnissen, die der Fußball lehren könnte. Wenn er in solchen Situationen einem Kollegen eine Vorlage gibt, dann kann man davon ausgehen, dass das Tor schon zur Hälfte gemacht ist.

Man muss nur an den wunderbaren Pass denken, den er zu Filó im Spiel Paulistano – Corinthians, 1925, geschlagen hat.«

Die Beschreibung stellt Friedenreich als eine absolute Führungsfigur dar. Ein kompletter Spielmacher, der sowohl durch Ballbeherrschung, Übersicht und Passgenauigkeit besticht als auch durch Mannschaftsdienlichkeit überzeugt. Es scheint so, dass besonders kurze Pässe ein wirksames Mittel gegen europäische Mannschaften waren. Interessant ist auch die Darstellung seiner sportlichen Wandlung von einem eigensinnigen zu einem mannschaftsdienlichen Spieler.

Leider nimmt der Text keine Stellung dazu, welche Tricks Friedenreich beherrschte. So wird heute behauptet, dass er den Effetschuss und den Übersteiger erfunden hätte. Beides ist kaum nachprüfbar. Frieds Zeitgenossen hatten wohl kaum Wörter für diese Spielzüge. Man kann davon ausgehen, dass er den Effetschuss beherrschte, da immer wieder seine Torschusstechnik gelobt wurde. Beim Übersteiger sind stärkere Zweifel angebracht.

Friedenreich musste sich immer wieder unfairer Attacken erwehren. Es gibt die Legende, dass es zu seiner Zeit eine Regel gab, dass Fouls gegen farbige Spieler nicht geahndet wurden. Das ist als Mythos anzusehen, denn diese Regel gab es nicht. Es ist aber sehr wahrscheinlich, dass von den Schiedsrichtern eine einseitige Bevorteilung weißer

Spieler erwartet wurde und sie deswegen, auch unbewusst, zu deren Gunsten pfiffen. Es liegt daher nahe, dass Fried als begabter Techniker Tricks entwickelte, bei denen er sich durch Drehungen in Sicherheit bringen konnte. Dazu nutzt allerdings der Übersteiger eher weniger.

Selbst wenn Friedenreich beide Techniken – Effektschuss und Übersteiger – beherrschte, dann beweist das noch nicht, dass er auch wirklich der Erste war, der sie anwandte. Man kann aber davon ausgehen, dass er sich besonders durch seine individuelle Ballbeherrschung von den Mitspielern unterschied und wohl der Erste war, der dieses Können in einer anerkannten Meisterschaft zeigte.

Offenbar zur Freude des brasilianischen Publikums: Die Beschreibung Mazzonis zeigt, welch großen Wert die Zuschauer schon damals auf diese Kabinettstückchen gelegt haben. (Der Autor selbst lobt hingegen mehr den späten Friedenreich, der weniger eigensinnig oder verspielt agiert.) So ist es heute noch: Die Brasilianer preisen ihren Stil als Kunstfußball im Gegensatz zum europäischen Kraftfußball. Der Begriff Kunst im Bezug auf Fußball erscheint schon mehrfach in Mazzonis Text.

Doch die Frankreich-Reise zeigte auch, dass Friedenreich sich nicht nur auf dem Spielfeld, sondern auch außerhalb zu einer Führungsfigur entwickelt hatte. In der Schule und den ersten Fußballvereinen fühlte er sich noch als Außenseiter. Darauf sind wohl seine schlechten Leistungen, seine Revolte und sein Kommentar über die »verstellten« Mitspieler zurückzuführen.

In Paris führte er jedoch die Rundgänge, besonders in den Variétés und Nachtbars, an. Er zeigte sich als ausgesprochener Bohemien, der das Leben genießen möchte. Auf Fotos

Friedenreich (zweite Reihe, Mitte) bei Paulistano im Jahr 1923.

erscheint er immer bestens gekleidet, mit Anzug und Krawatte. Darin stand er seinen wohlhabenden Mitspielern in nichts nach. Ein anderes Beispiel ist, dass er auch die Initiative ergriff, um mit Pokerspielen und dem »Chaosquartett« die Langeweile während der Überfahrt zu vertreiben. Dafür spricht auch, dass er sich auf allen Mannschaftsfotos in zentraler Position vorne in der Mitte ablichten ließ.

Er konnte es sich sogar leisten, entgegen dem Befehl des Vereinspräsidenten spätnachts ins Hotel zurückzukehren und somit den mächtigen Funktionär herauszufordern. Ohne Zweifel zeigte er hier einige Starallüren.

Interviews waren in dieser Zeit noch nicht üblich. Deshalb wissen wir nicht, inwieweit er die Öffentlichkeit suchte. Er wird jedoch immer als freundlicher und geselliger Mensch beschrieben, der keine Bar oder Party verschmähte. Außerdem wusste er zu unterhalten.

Es scheint, dass er eine Begabung dafür hatte, sowohl mit Menschen aus der Arbeiterschicht als auch aus der Elite umzugehen. Er war ein Grenzgänger zwischen diesen Welten und wusste, wie er sie zu seinem Nutzen verbinden konnte. Dies zeigte sich schon auf dem Rasen darin, wie er die beim Auenfußball erlernten Tricks später in den offiziellen Meisterschaften erfolgreich anwandte, aber dabei nie aufhörte zu lernen. Fried konnte aber auch ohne Probleme sowohl in der Eckkneipe wie auch im schicken Pariser Nachtklub verkehren. Die Kartentricks und Sambas, die er in den Kneipen aufschnappte, halfen ihm dann, seine Kollegen in den Klubs zu unterhalten.

Doch zurück zu den Geschehnissen auf dem Platz im Jahr 1925. Die Feierlichkeiten steckten den »Helden« noch in den Knochen, als die Meisterschaft von São Paulo angepfiffen wurde. Im diesem Jahr blieb Paulistano ohne Titel. Im entscheidenden Spiel übersah der Schiedsrichter eine Abseitsposition, die zum Siegtreffer des AA São Bento führte. Antonio Prado befahl seinen Spielern wutentbrannt, das Spiel abzubrechen und schon sieben Minuten vor Ende das Feld zu verlassen. Erneut sah sich der Kaffeebaron vom »unethischen Professionalismus« bedroht, der die Moral des Fußballs verderbe. Die Fehlentscheidung des Schiedsrichters interpretierte er als Beweis für seine These.

Die Folge war, dass der CA Paulistano erneut die Liga verließ, um diesmal die Liga de Amadores de Futebol (LAF) zu gründen. Es handelte sich um ein letztes Aufbäumen vor dem Untergang. Der Verein investierte viel in den Ausbau seiner Sportanlagen. So wurden Leichtathletik-Einrichtungen fertiggestellt und 1925 ein eigenes Schwimmbad eröffnet. Man eroberte sich langsam die verloren gegangene Struktur des Velodroms zurück. Diese Maßnahmen signalisierten die Öffnung Paulistanos zu anderen Sportarten, während der Fußball in den Hintergrund gerückt wurde.

Gleich die erste Meisterschaft der LAF, an der außer dem CA Paulistano auch Internacional, AA Palmeiras, Antártica FC, SC Corinthians, SC Germania, Britânia AC und CA Santista teilnahmen, konnte man für sich entscheiden. Als die Liga im vorletzten Spiel schon entschieden war, gelang Friedenreich das schönste Tor seiner Karriere, wie er später in einem Interview verriet. Beim Stand von 3:0 gegen Germania wird Fried von drei Gegenspielern bedrängt. Er befindet sich in sehr spitzem Winkel zum Tor, und deshalb deckt der Torwart das kurze Eck. Aus dieser unmöglichen Situation gelingt es Friedenreich, einen Heber anzusetzen, der sich über die drei Gegenspieler und den verdutzten Torwart hinweg ins lange Eck senkt. Die Schilderung klinkt wie das Stereotyp eines legendären, brasilianischen Wunderstürmers, wie man ihn sich oft in Träumen ausmalt.

1927 konnte Paulistano erneut Meister werden. Darüber hinaus wurde Friedenreich Torschützenkönig. Im darauf folgenden Jahr ging man jedoch leer aus. Ein anderes Ereignis sollte aber Geschichte machen. Am 16. September 1928 erzielte Friedenreich sieben der neun Tore Paulistanos gegen den Ligakonkurrenten União da Lapa. Dies stellte einen Rekord dar, der erst viele Jahre später vom großen Pelé eingestellt wurde. Außerdem verschoss Fried einen Elfmeter, obwohl er später in Interviews immer behauptete, dass ihm dies nie passiert sei.

Schließlich errang der CA Paulistano die Meisterschaft von 1929, und Friedenreich wurde ein letztes Mal Torschützenkönig in den Farben Weiß und Rot. Er hatte an sieben der elf durch Paulistano errungenen Meisterschaften größten Anteil. Aber die Zeiten hatten sich geändert. Das Amateurideal konnte nicht mehr aufrecht erhalten werden. So ging Ende 1929 ein Brief von Antonio Prado bei der LAF ein, der den sofortigen Austritt des CA Paulistano aus der Fußballliga mitteilte. Die Fußballabteilung wurde umgehend aufgelöst; die Spieler konnten sich neue Vereine suchen. Der Schnitt war so radikal, dass

Prado sogar die Tribünen abbauen und Tennisplätze auf dem ehemaligen Fußballrasen errichten ließ. Die LAF löste sich ebenso auf, und ihre Vereine kehrten in die APEA zurück. Ein glorreiches Kapitel der brasilianischen Fußballgeschichte war geschlossen.

6. Kapitel
Profis gegen Amateure

Es war ein Schock für die Fußballwelt São Paulos. Wie konnte es geschehen, dass der erfolgreichste Verein der 1920er Jahre einfach seine Fußballabteilung auflöst? An einem Tag wurden die Spieler noch zu Meistern gekrönt, am anderen waren sie entlassen. Es hätte sicherlich auch einen Mittelweg geben können, der das Angebot eines Trainings für Vereinsmitglieder ermöglicht hätte. Warum musste ein so radikaler Schritt gegangen werden? Es lohnt sich, die gesellschaftlichen Verhältnisse genauer zu untersuchen, um diese Frage zu beantworten.

Mit einem kurzen Blick zurück kann man sich daran erinnern, dass Brasilien zu Friedenreichs Geburt ein Agrarstaat war, der soeben erst die Sklaverei hinter sich gelassen hatte. Handarbeit war die Stütze der heimischen Wirtschaft. In den knapp 40 Jahren, die seitdem vergangen waren, hatte sich Brasilien rasant entwickelt und war in das Zeitalter der Industrialisierung eingetreten. Dies hatte nicht nur wirtschaftliche, sondern auch politische, soziale und eben sportliche Auswirkungen. Wieder einmal zeigte sich, dass der Fußball fest in eine Gesellschaft verwoben ist und nicht isoliert von ihr besteht. Genauer: Er ist ein Spiegelbild, eine Mikroausgabe der gesamtgesellschaftlichen Verhältnisse.

Die schon mehrfach erwähnte Prado-Familie ist wohl das anschaulichste Symbol dieser Entwicklungen. Schon Antonio da Silva Prado (1778-1875), der Urgroßvater des Vereinsgründers von Paulistano, mit gleichem Namen, war ein äußerst einflussreicher Mann. Unter Kaiser Pedro II. wurde er zum Gouverneur von São Paulo ernannt und mit dem Adelstitel Baron von Iguape bedacht. Nach ihm sollte später jener Platz im Zentrum São Paulos benannt werden, auf dem der junge Friedenreich die Übertragung des Spiels zwischen São Paulo und Südafrika erlebte.

Antonio da Silva Prado Junior.

Unter Antonio Prados politischem Einfluss konnte die Familie Reichtum, besonders in Form von Ländereien, anhäufen. Es wurde eine typisch südamerikanische Politikform begründet, die auf der Macht einiger weniger regionaler Fürsten, den Koronels, basiert. Ihr Einfluss gründet sich auf wirtschaftlichem Reichtum, von dem große Teile der wahlberechtigten Bevölkerung ökonomisch abhängen. Das garantiert politische Macht.

Der Baron von Iguape arrangierte die Hochzeit seiner Tochter Veridiana (1825-1910) – der späteren Besitzerin des Velodroms – mit einem Cousin, um das Vermögen in der Familie zu halten. Veridiana sorgte nach Volljährigkeit ihrer Kinder für einen Skandal in der Gesellschaft São Paulos, indem sie sich scheiden ließ und den Familienvorsitz ergriff. Sie war eine der ersten Frauen, die es wagten, unbegleitet auf die Straße zu gehen.

Das Erbe des Barons trat Veridianas ältester Sohn an, der wie sein Großvater den Namen Antonio da Silva Prado (1840-1929) trug. Dieser konnte mit dem Vermögen gut umgehen und erweiterte es zu einem Imperium. In typischer Koronelart verschaffte er sich Zugang zu den wichtigen Stellen in verschiedensten Bereichen der Wirtschaft, Politik und Verwaltung.

Seine Karriere begann er in der Verwaltung als Polizeichef von São Paulo. Noch zur Kaiserzeit konstruierte er eine politische Karriere zunächst als Parlamentsabgeordneter und später als Minister für Landwirtschaft, Transport und Außenpolitik. Dabei war er im Besonderen für die Abwicklung der Sklavenbefreiung und der italienischen Imigration verantwortlich. Selbst die Ausrufung der Republik überstand er unbeschadet und wurde Bürgermeister von São Paulo, wobei er selbstverständlich immer für die konservative Partei kandidierte. Seine politischen Positionen waren ihm sicherlich auch privat hilfreich, denn er besaß Kaffeeplantagen, eine Bank und die Eisenbahngesellschaft. Als Minister konnte er günstige Regelungen für diese Bereiche einfädeln. Außerdem wurde der Kaffeehandel durch seine Bank finanziert, um dann das Rohprodukt auf der eigenen Bahnlinie zu transportieren und schließlich den weltweiten Vertrieb auch als Außenminister anzutreiben. Konkurrenten hatten da einen schweren Stand.

In dieses Imperium wurde Antonio da Silva Prado Junior (1880-1955), der Vereinsgründer Paulistanos, geboren. Er übernahm die Kaffeeplantagen und die Eisenbahngesellschaft. Später wurde er Bürgermeister von Rio de Janeiro. Die Geschäfte waren in dem anhaltenden Kaffeeboom ein Selbstläufer. Somit hatte er ein sorgloses Leben mit viel Freizeit, die er für seinen Erfindergeist nutzte. So war er Mitglied der ersten Überlandfahrt Brasiliens mit einem Auto von São Paulo in das heute zwei Stunden entfernte Santos. Das Abenteuer dauerte damals aufgrund fehlender asphaltierter Straßen 37 Stunden. Auch der Verein Paulistano war für ihn eher ein Spielzeug, für das er sich in entscheidenden Momenten interessierte, wie z.B. bei der Vereinsgründung oder dem Neuerwerb des Grundstücks Jardim América nach der Zwangsenteignung des Velodroms. In den Krisensituationen konnte er sich als Retter in der Not profilieren.

Dies erklärt auch seine Haltung bezüglich Ethik, Moral und Amateurideal. Mit der gleichen Sicherheit, mit der er mal schnell nach Santos fuhr, konnte er auch unbezahlt am Sonntagnachmittag die Fußballstiefel schnüren. Seine Zeitgenossen Charles Miller vom SPAC und Hans Nobiling von Germania ergänzten perfekt dieses Szenario eines Brasiliens der Agraroligarchien. Der eine konstruierte die nötige Eisenbahnstrecke, und der andere ermöglichte den Export. Sie gehörten der Elite an und konnten sich das Amateurideal leisten. Außerdem boten diese Vereine nicht nur Fußball, sondern dienten auch der Geselligkeit. Bei diesen Veranstaltungen wollte man natürlich unter sich sein und den »Pöbel« außen vor lassen.

Dieser Ausschluss geschah sicherlich nicht so bewusst und explizit, wie hier dargestellt. Der soziale Abstand der bürgerlichen und aristokratischen Elite zu den Landarbeitern und Servicekräften, die oftmals ehemalige Sklaven waren, war einfach zu groß. Sie wurden schlichtweg nicht wahrgenommen. Die eigene Weltanschauung war die einzig richtige, da es keine andere gab.

Für Antonio Prado und seine Mitstreiter war der Fußball eine noble Freizeitbeschäftigung, die nach den Prinzipien des Fair Play und des absoluten Gewaltverzichts ausgetragen wurde. In Brasilien wurden die Regeln sogar so ausgelegt, dass man den bloßen Körperkontakt für verboten hielt. Viele sehen darin einen Ursprung des trickreichen brasilianischen Stils, denn man musste sich nicht mit forschen Körperattacken beschäftigen. Bis heute werden Fußballspiele in Brasilien sehr kleinlich gepfiffen, und das Land ist die treibende Kraft für die Verschärfung der Regeln in der FIFA. Exemplarisch ist auch das Schild, das im Velodrom Schmährufe verbot.

In seiner Reinform würde die Fußballethik Antonio Prados bedeuten, dass Schiedsrichter nicht nötig sind. Dies wurde auch konsequent befolgt. Als Paulistano 1914 ein Spiel und damit die Meisterschaft gegen São Bento verlor, da der Schiedsrichter zu früh abpfiff, legte man Protest beim Verband ein. Dieser erkannte den Fehler an und wollte den Titel von São Bento aberkennen. Dies lehnte Paulistano jedoch dankend ab und begnügte sich damit, moralischer Sieger zu sein. Stattdessen wurde ein Benefizspiel für gute Zwecke ausgetragen. Mit diesem Diskurs über Moral und Ethik konnte man beeindruckend seinen Wohlstand zur Schau stellen. Geld spielte keine Rolle. Fußballspieler hatten damals ein enormes Ansehen. Für den Verein auflaufen zu dürfen war ein Statussymbol.

Doch schon ein Jahr zuvor traten deutliche Veränderungen in das Sichtfeld der Koronels. Mit dem vermehrten Zugang von Spielern aus der Unterschicht wurde ein »Arbeiterethos« zum ersten Mal sichtbar.

Besonders der Verein Germania war solch ein Zugangstor, da hier die Aufnahmevoraussetzungen nicht an das Bankkonto, sondern an die ethnische Abstammung gebunden waren. Selbst weniger wohlhabende Deutsche wurden akzeptiert. Friedenreich war die Galionsfigur für die Übergangsphase. Aber auch andere Vereine begannen, die spielerische Qualität einiger Bolzplatzkicker zu erkennen, die ihr Können auf den Auenplätzen erwarben. Man sah hier eine Chance, die Dominanz der großen drei SPAC, Germania und Paulistano zu durchbrechen, die sechs der ersten sieben Meisterschaften für sich entscheiden konnten.

Der Zeitenwandel zeigte sich darin, dass in den folgenden vier Jahren nur noch einmal Paulistano zum Erfolg kam. Die Folge war die erste Krise, die zur Aufspaltung in die LPF und APEA führte. Einmal

Fußballspieler waren feine Herren in den 1920er Jahren. Fried sitzt vorne, als Dritter von rechts.

mehr wurde die Zwitterposition Germanias deutlich, die zunächst dem Schritt Paulistanos nicht folgte. Zu guter Letzt konnte jedoch die Aristokratie die Siegespunkte in dieser ersten Krise für sich verzeichnen, und ab 1917 war die Meisterschaft wieder eingleisig. Die APEA folgte den elitären Moralvorstellungen Antonio Prados – zumindest auf dem Papier.

Tatsächlich wurde das Amateurideal und die damit zusammenhängende Weltanschauung jedoch weiterhin untergraben. Das war auch nur logisch, denn diese Ideologie suggerierte, dass Konkurrenz, Siege und Vormachtstellung nicht wichtig wären. Man würde ja nur »zum Vergnügen unter Kavalieren spielen«. Das muss man aber als Heuchelei bezeichnen. Natürlich ging es bei der Ligagründung um die Sicherung der Vormacht, und natürlich wollte man die Meisterschaft gewinnen.

São Paulo stand zu dieser Zeit noch stark unter dem Einfluss der Landlords, und so begann dieser Konflikt zwischen Amateurideal und Professionalismus lediglich verdeckt in den Vereinen zu schwelen. In der Hauptstadt Rio de Janeiro, wo die Industrialisierung schon weiter vorangeschritten war, wurde der Kampf bereits offen ausgetragen. Er hatte Namen und Adressen.

Fluminense, Flamengo, Botafogo und América waren die großen vier der Gründerjahre des Fußballs in Rio de Janeiro, allesamt Elitevereine und Anhänger des Amateurideals. Ihre Alleinherrschaft wurde zunächst durch die Werkself der englischen Textilfabrik Bangu herausgefordert. Die Kicker des »The Bangu Athletic Club« waren allesamt Angestellte des Werks. Offiziell verdienten sie nichts mit ihrem sportlichen Engagement. Doch hinter verschlossenen Türen bekamen sie leichtere Arbeiten, kürzere Arbeitszeiten und Prämien. Der Verband konnte dies nicht nachprüfen. Somit war das Modell des sogenannten braunen Professionalismus geboren, der Schule machte. Die Praxis war offiziell verboten, deshalb gibt es keine Dokumente, aber man kann davon ausgehen, dass im zweiten und dritten Fußballjahrzehnt Brasiliens viele Spieler so ihr Brot verdienten.

Der braune Professionalismus wurde bei Bangu AC geduldet, da es sich um einen englischen Verein handelte, den man wenigstens offiziell als Pendant zum SPAC in São Paulo anpreisen konnte. Zur Zäsur kam es, als der von portugiesischen Kleinhändlern geführte CR Vasco da Gama farbige Spieler aufnahm und diese offen bezahlte. Mit diesem Modell schaffte man es in die erste Liga Rio de Janeiros und konnte im Jahr 1923 zum ersten Mal eine Meisterschaft für sich entscheiden. Die großen vier hatten zuvor mit mehreren Maßnahmen versucht, diese Entwicklung zu verhindern. So wurde die Anforderung erhoben, dass alle Spieler persönlich den Spielbericht mit Namen, Adresse und Beruf ausfüllen mussten. Ein Ding der Unmöglichkeit für viele Arbeiter, denn die Analphabetenrate war hoch.

Der Sieg Vasco da Gamas brachte das Fass zum Überlaufen, und die Reaktion kam prompt. 1924 wurde auch in Rio eine neue Amateurliga gegründet, zu der Vasco da Gama nicht eingeladen wurde. Es gab also zwei fest definierte Seiten, die sich gegenüberstanden.

Es kann kein Zufall sein, dass fast parallel dazu, nämlich 1925, der gleiche Konflikt auch in São Paulo offen ausbrach. Erneut wollte Antonio Prado mit dem Moraldiskurs gegen den Zeitgeist ankämpfen und regierte mit der Gründung einer neuen Liga. Doch diesmal war er erfolglos, das Amateurmodell war überholt. Was waren die Gründe?

Erstens war das Amateurmodell an sich verlogen. Der braune Professionalismus fand auch in São Paulo schon lange statt. Friedenreich selbst konnte seine gesamte Karriere bestreiten, ohne je außerhalb des

Fußballs gearbeitet zu haben. In der Vereinschronik von Paulistano ist festgehalten, dass Friedenreich Beamter im Büro des Innenministers von São Paulo war. Man kann davon ausgehen, dass die Beziehungen von Antonio Prado diese Stelle ermöglichten und Fried sich dort nie blicken ließ. Friedenreich sollte nach Karriereende diese Praktik anprangern: »Der braune Professionalismus war ein verlogenes und absurdes Kapitel unserer Fußballgeschichte.«

Es ist auch fraglich, ob es Prado tatsächlich um die reine Amateurlehre ging und nicht vielmehr um Machtansprüche. Die neuen Verbände wurden von ihm immer ins Leben gerufen, um auch eine Führungsposition einzunehmen. Sie sollten den einzig wahren Fußball darstellen und São Paulo nach außen vertreten. Die Verbandspolitik war immer auf Erweiterung des Einflusses seiner Funktionäre ausgelegt.

Das wohl eindringlichste Beispiel dafür ist, dass der AA São Bento im Finale der Meisterschaft von 1925 noch der Auslöser für den Austritt Paulistanos aus der Liga war, aufgrund des vorzeitig abgebrochenen Spiels. Doch schon 1926 wurde der selbe AA São Bento mit offenen Armen in den von Paulistano neu gegründeten Verband aufgenommen. Der Grund dafür war die aggressive Anwerbepolitik des Verbands, der sich gegen seinen Vorgänger durchsetzen wollte. Dieses offene Machtgebaren stand im klaren Konflikt zur Diskussion über das Amateurideal. Man verlor an Glaubwürdigkeit.

Zwischenzeitlich waren die großen, noch heute erfolgreichen Massenvereine Palestra Italia, (1914; Vorgänger von SE Palmeiras), Santos FC (1912) und besonders der Arbeiterklub SC Corinthians (1910) gegründet worden, die den zweiten Grund verkörperten: den gesellschaftlichen Wandel. Ihnen gelang es, den Fußball populär zu machen und die ersten großen Zuschauermengen zu mobilisieren. Ihnen gehörte die Zukunft, denn ausverkaufte Stadien bedeuteten Geld, und damit konnte man in die Mannschaft investieren. Doch selbst diese Vertreter des neuen Modells des Professionalismus konnten sich noch nicht für einen eigenen Verband entscheiden und wechselten manchmal sogar jährlich zwischen den Ligen. Eine klare Opposition wie in Rio de Janeiro gab es nicht.

Dennoch: Die Proletarisierung und Professionalisierung des Fußballs war nicht mehr aufzuhalten. Diese Entwicklung war möglich

Das moderne São Paulo des Jahres 1929 mit Martinelli-Gebäude, dem ersten Wolkenkratzer Brasiliens.

geworden, da sich São Paulo von einem Agrarstaat in eine Industriemetropole verwandelt hatte. Der Gewinn aus dem Kaffeegeschäft wurde in Fabriken angelegt. In den 1920er Jahren konnte man Rio de Janeiro in der Zahl der Fabrikarbeiter überholen. Die Bevölkerung wuchs rapide an und erreichte im Jahr 1930 die Millionengrenze. Das ehemals im Grünen gelegene Grundstück von Paulistano war längst von Gebäuden eingeschlossen.

Diese Menschenmasse verlangte nach Freizeitveranstaltungen. Fußball war da genau das Richtige. Aber die Arbeiter konnten nichts mit den geschniegelten Playboys und ihrem verlogenen Amateurideal aus den Aristokratenvereinen anfangen. Sie wollten ihren Jungs aus dem Viertel zujubeln. Vereine, die solche Spieler »von nebenan« aufnahmen, wurden zum Identifikationspunkt. Auf diese Art waren die neuen Volksvereine viel besser auf die Anforderungen der neuen Zeit eingestellt.

Sie betrieben allerdings ein doppeltes Spiel. Auf der einen Seite erlaubten sie den Zugang farbiger Spieler aus der Arbeiterklasse und vermarkteten ihre Partien wie ein Produkt, verhielten sich also nach dem Profikodex. Auf der anderen Seite nutzten sie geschickt den Amateurdiskurs, um die Spieler möglichst schlecht zu bezahlen. Die Phase bis zur offiziellen Anerkennung des Professionalismus war durch das Ausnutzen der Arbeitskraft der Spieler gekennzeichnet. Dies lag teilweise aber auch daran, dass diese Vereine nicht auf die Finanzreserven eines Mäzens zurückgreifen konnten.

Der Erfolg war nicht zu übersehen. 1914 gelang den Corinthians als erstem Vertreter der drei Volksvereine der Meistertitel. Bis ins Jahr 1929 wurden 23 Meisterschaften ausgetragen, wenn man die zweigleisigen Ligen mitzählt. Zehn dieser Titel gingen an Corinthians oder Palestra Italia, weitere zehn Vizemeisterschaften wurden durch die drei Neuankömmlinge erreicht.

Der dritte Grund für das Ende der Amateurphase war die überregionale und internationale Konkurrenz. Auch 1929 war der Fußball schon in einen globalisierten Markt integriert. Dieser begann in gewisser Weise in Rio de Janeiro, denn dort existierten nicht nur die nächsten konkurrenzfähigen Klubs, die Spieler abwerben konnten, sondern dort wurde im Jahr 1914 auch der erste nationale Fußballverband gegründet. Erste Aufgabe des Verbandes war es, Länderspiele zu organisieren. Ab 1923 wurde der CBD (Confederação Brasileira de Desportos) in die FIFA aufgenommen. Die ersten internationalen Turniere wurden organisiert, und die WM 1930 begann sich abzuzeichnen. Der nationale Verband gewann an Einfluss, denn nur er konnte nun den brasilianischen Fußball international vertreten. Es wurde somit für regionale Verbände überlebensnotwendig, vom CBD anerkannt zu sein.

Dies gelang der von Prado gegründeten LAF Ende der 1920er Jahre nicht mehr, denn der CBD hatte schon die APEA als offiziellen Vertreter São Paulos anerkannt. Somit war die LAF auch aus der FIFA ausgeschlossen und hatte nur sehr geringe Chancen auf überregionale und internationale Begegnungen. Diese waren aber von immenser Bedeutung für die Spieler, die zu diesem Zeitpunkt nicht mehr aus der Elite stammten. Deren Verdienstchancen erhöhten sich signifikant, wenn sie ihr Können überregional zeigen konnten. Die Folge war, dass die LAF-Vereine ihre guten Spieler nicht mehr halten konnten. Friedenreich allerdings blieb Paulistano treu, da er schon dem Karriereende entgegenging und mit seinem Beamtenlohn zufrieden war.

Antonio Prado wollte also das Amateurideal in der Welt der freien Marktwirtschaft durchsetzen, und dieses Vorhaben war natürlich zum Scheitern verurteilt. Der Fußball São Paulos war genauso in den Kapitalismus integriert wie der Kaffee. Die Spieler folgten dem Ruf des Geldes zu anderen Klubs in São Paulo, Rio de Janeiro oder in andere Länder.

Die letzte Schranke fiel mit dem Beginn der Weltmeisterschaft 1930, die in Uruguay ausgetragen wurde. Europäische Mannschaften konnten nun zum ersten Mal südamerikanische Kicker live bewundern. Besonders Italien wurde auf seine Auswanderer aufmerksam. Schon früh wurden solche Spieler aus Argentinien, Uruguay und Brasilien angeworben. Friedenreichs Mannschaftskollege Filó wurde 1934 unter seinem bürgerlichen Namen Amphilogino Guarisi der erste brasilianische Weltmeister, allerdings im Trikot Italiens.

Ein vierter Grund versetzte schließlich dem Amateurideal den Garaus: die Weltwirtschaftskrise. Am 24. Oktober 1929 brachen weltweit die Aktienmärkte zusammen, und darunter litt besonders der Kaffeepreis. Antonio Prados Imperium erfuhr einen Tiefschlag. Zum ersten Mal mussten er und seine Mitstreiter der sogenannten Kaffeearistokratie, von denen viele in der LAF organisiert waren, sich Sorgen um die Geschäfte machen. Das Amateurideal war nun auch für sie nicht mehr tragbar. Im Übrigen sollten auch Germania und SPAC ihre Fußballabteilungen auflösen.

Der Rückzug Prados war 1929 unvermeidlich. Angesichts dieser Situation war es für ihn besser, die Schuld der fehlenden Moral seiner Gegenspieler zuzuschieben, statt das eigene Versagen zuzugeben. So konnte er sein Gesicht wahren.

Die Entwicklungen sollten sich auch in der Politik widerspiegeln. Zu dieser Zeit war Washington Luís, der ehemalige Gouverneur von São Paulo und enger Freund Antonio Prados, Präsident von Brasilien. Er repräsentierte die Herrschaft der Kaffeearistokratie. Nach geltender Regierungspraxis sollte er im Jahr 1929 einen Politiker für seine Nachfolge bestimmen. Dies sollte in abwechselndem Turnus ein Vertreter aus den sogenannten »Kaffee mit Milch«-Agrarstaaten São Paulo oder Minas Gerais sein.

Mitte 1930 formte Getúlio Vargas, der Gouverneur von Rio Grande do Sul, gemeinsam mit der liberalen Partei eine Opposition zu dieser Praxis. Sie hatten die breite Unterstützung aus Militär und intellektueller Mittelschicht. Am 3. Oktober begann der lang angekündigte und von Präsident Washington Luís nicht ernst genommene Putsch. Ein Bundesstaat nach dem anderen fiel in die Hände des revolutionsfreudigen Militärs. Am 24. Oktober erwischte es auch Rio de Janeiro, und Washington Luís wurde entmachtet. Getúlio Vargas konnte seinen

Präsident Washington Luís bei der Einweihung des Schwimmbads des CA Paulistano.

öffentlichkeitswirksamen Marsch von seinem südlichen Heimatstaat bis in die Hauptstadt beenden, auch wenn er ihn entgegen eigener Mythenbildung größtenteils mit dem Zug bewältigte. Seine Generäle zurrten nach Machtübernahme ihre Pferde symbolträchtig am Obelisken im Zentrum Rio de Janeiros fest.

Am 3. November 1930 wurde Vargas zum Präsidenten ernannt. Als Verehrer Hitlers und Mussolinis regierte er diktatorisch. Seine Politik basierte auf populistischen Maßnahmen wie Sozialgesetzen und der Erweiterung des Wahlrechts. Auf der anderen Seite waren diese Reformen, zu denen man auch die Einführung des Arbeitsministeriums, des Bildungsministeriums und des Wahlamts zählen muss, angesichts des gesellschaftlichen und wirtschaftlichen Wandels dringend notwendig. Die dominante Zeit der Koronels und der Agrarwirtschaft war zu Gunsten einer gleichheitlichen und kapitalistischen Industriegesellschaft vorbei. Vargas konstruierte das moderne Brasilien und wird dafür bis heute verehrt. Sowohl Washington Luís, als auch Antonio Prado mussten ins Exil gehen.

Die Regierung Vargas hatte auch Auswirkungen auf den Sport. Zum ersten Mal wurden konkrete staatliche Maßnahmen zur sogenannten Offizialisierung des Sports ergriffen. Jedoch erst 1941 konnte tatsächlich der Nationale Sportrat – Conselho Nacional de Desportos (CND) – eingeführt werden. Er hatte den Auftrag, Sportverbände und

-vereine zu überwachen und deren Statuten der Regierungsideologie anzupassen. Sport wurde als Teil der Moral- und Leibeserziehung gesehen. Außerdem erkannte Vargas seinen Wert für die Staatspropaganda. Deshalb überrascht es kaum, dass er nicht nur das Pacaembu-Stadion in São Paulo, sondern auch das São Januário des Arbeitervereins Vasco da Gama in Rio de Janeiro erweitern ließ. Beide Bühnen nutzte er ausgiebig für Propagandaveranstaltungen.

Doch schon zuvor wurde der Professionalismus offiziell im Fußball eingeführt. Am 23. Januar 1933 beschlossen die Mitglieder des Verbandes von Rio de Janeiro, eine neue Profiliga zu gründen. Die Satzung wurde dann von den Kollegen in São Paulo übernommen, da gleichzeitig ein überregionales Vereinsturnier zwischen Rio und São Paulo vereinbart wurde.

Für die Spieler änderte sich wenig, denn sie erhielten weiterhin den gleichen Hungerlohn wie zuvor, nur dass es jetzt offiziell war. Die Vereine profitierten insofern, als sie jetzt durch die Bezahlung keine Regelverletzung mehr begingen.

Somit war die Auftaktbegegnung der São-Paulo-Meisterschaft zwischen Friedenreichs neuem Verein, São Paulo FC, und dem Santos FC am 12. März 1933 das erste Profispiel Brasiliens. Es endete 5:1. Das erste Tor der Partie und damit auch das erste Tor des Professionalismus schoss Friedenreich. Die Umstellung von der Amateurphase auf den Professionalismus war offiziell vollbracht. Die Auflösung der Fußballabteilung von Paulistano war also nicht nur ein bloßer moralischer Zug, sondern ein symbolischer Ausdruck des Machtwechsels, des gesellschaftlichen Wandels und eventuell sogar eine ökonomische Notwendigkeit.

7. Kapitel
»Der Tiger des Fußballs«

Am 28. Juni 1914 lief Friedenreich zum ersten Mal offiziell für eine Auswahlmannschaft des Bundesstaates São Paulo auf. Dem 21-Jährigen schlotterten die Knie, als er sich den »Cariocas«, den Spielern aus Rio de Janeiro, gegenübersah. So ist es nicht verwunderlich, dass die Nervosität zu einem Fehlstart seiner überregionalen Karriere führte. Fried spielte an diesem milden Wintertag im Laranjeiras-Stadion viel zu ängstlich und forderte den Ball nicht. Das Ergebnis war ein 1:1-Unentschieden, und schlimmer noch: vernichtende Kritiken in den Zeitungen.

Auf dem Spiel stand ein soeben von der Tageszeitung »Correio da Manhã« ins Leben gerufener Pokal. Dieser konnte aber dann doch bei der Revanche in São Paulo am 30. August 1914 durch ein 4:2 errungen werden. Begründet war damit die Tradition der Meisterschaften zwischen den Auswahlmannschaften der Bundesstaaten Brasiliens. Unter ihnen sollten auch die ersten nationalen Meisterschaften ausgetragen werden. In den ersten Fußballjahrzehnten fanden besonders die Derbys zwischen Rio de Janeiro und São Paulo regelmäßig mindestens zweimal pro Jahr statt. Somit ergaben sich viele Möglichkeiten zur Rehabilitierung. Ein Beispiel ist schon der 8:0-Sieg mit zwei Friedenreich-Toren am 7. November 1915. Auch die Einweihung von Paulistanos Jardim América sah am 24. Dezember 1917 ein solches Duell, bei dem Fried fünf Tore zu einem 9:1 beisteuerte.

Die Auswahlmannschaften waren ein wichtiges Instrument im Kampf um die Vorherrschaft zwischen den konkurrierenden lokalen Verbänden. Wer die Mannschaft stellte, sah sich als legitimer Vertreter des örtlichen Fußballs. Dies hatte auch negative Auswirkungen auf die Karriere Friedenreichs, der oftmals aus machtpolitischen Gründen und nicht wegen fehlender Leistung ausgeschlossen wurde.

Die Auswahlmannschaft von São Paulo, 1931. Fried kniet in der Mitte hinter dem Torwart.

Ähnliches galt für den inzwischen gegründeten nationalen Verband CBD. Er veranstaltete im Jahr 1922 die erste brasilianische Meisterschaft der Bundesstaaten in São Paulo. Sie diente zur Auswahl der Spieler, die Brasilien bei der südamerikanischen Kontinentalmeisterschaft im selben Jahr vertreten sollten. Es sollte zu einem Galaauftritt Friedenreichs kommen. In der Vorrunde wurden Minas Gerais mit 13:0, Rio Grande do Sul mit 4:2 und Bahia mit 3:0 geschlagen. Im Finale wartete erneut Rio de Janeiro, das mit 4:1 bezwungen wurde. Friedenreich versenkte den Ball achtmal im Netz und wurde mit seiner Mannschaft brasilianischer Meister.

Im darauf folgenden Jahr konnte der Erfolg wiederholt werden. Rio Grande do Sul wurde mit 4:1 und Paraná mit 5:1 in der Vorrunde besiegt. Das Finale konnte São Paulo mit 4:0 gegen Rio de Janeiro gewinnen.

Doch dann begannen die Schwierigkeiten. Zunächst sollte Fried aus Verletzungsgründen nicht an den zwischenstaatlichen Begegnungen teilnehmen, später begann sein Verein Paulistano die Auswahlmannschaft zu boykottieren. Nach der Krise von 1925 war die APEA weiterhin für die Nominierung der Spieler zuständig, die São Paulo vertreten durften. Paulistano und somit auch Friedenreich waren jedoch in der neu gegründetet LAF organisiert. Der Machtverlust von Vereins- und Verbandspräsident Antonio Prado wurde offensichtlich.

Erst 1931 wurde Friedenreich wieder eingeladen, für São Paulo bei einer brasilianischen Meisterschaft aufzulaufen. In der Vorrunde konnten Paraná mit 6:4, Rio Grande do Sul mit 1:0 und Pernambuco mit 11:3 besiegt werden. Das Finale wurde in drei Spielen ausgetragen, in denen man gegen Rio de Janeiro mit 1:3, 3:0 und 0:3 den Kürzeren zog. Die Meisterschaft stellte einen Generationswechsel dar, denn im Team von Rio de Janeiro ging der Stern zweier junger Spieler auf: Domingos da Guia und Leônidas da Silva. Sie sollten den Fußball der 1930er Jahre bestimmen. Für Fried waren es die letzten Spiele im Trikot São Paulos. In 50 Begegnungen erzielte er die fantastische Zahl von 73 Toren.

Friedenreichs Nationalmannschaftskarriere sollte ebenso unter den Verbandsstreitigkeiten leiden. Den Anfang machte jedoch ein historisches Ereignis. 1914 wurde in Rio de Janeiro mit dem Federação Brasileira de Sports (FBS) der erste nationale Fußballverband gegründet. Anlass war der Besuch des englischen Klubs Exeter City, der gegen eine brasilianische Nationalmannschaft antreten sollte. Dieses erste offizielle Länderspiel Brasiliens fand am 21. Juli 1914 im Laranjeiras-Stadion in Rio de Janeiro statt. Friedenreich wurde berufen und

Die ersten Elf Brasiliens am 21. Juli 1914 (Fried vorne in der Mitte).

kämpfte mit seinen Kollegen in einer durch Aggressivität gekennzeichneten Partie. Ihm wurden sogar zwei Zähne ausgeschlagen. Das damals noch weiße Nationaltrikot Brasiliens färbte sich rot durch das Blut, doch niemand dachte ans Aufgeben, und so erzielte man einen heldenhaften 2:0-Sieg.

Im selben Jahr lobte der argentinische Präsident Roca einen nach ihm selbst benannten Pokal aus, den der Sieger aus dem Nachbarschaftsduell mit Brasilien erhalten sollte. Der Superklassiker des südamerikanischen Kontinents war geboren. Brasilien gewann die erste Auflage und somit seinen ersten internationalen Titel durch ein 1:0 über Argentinien mit Friedenreichs Beteiligung.

1916 nannte sich der FBS in CBD – Confederação Brasileira de Desportos – um, aus dem im Jahr 1979 der noch heute existierende CBF – Confederação Brasileira de Futebol – hervorgehen sollte. Ab 1916 wurden fast alljährlich südamerikanische Kontinentalmeisterschaften ausgetragen. Es handelt sich somit um den ältesten Wettbewerb dieser Art. Die erste fand in Argentinien statt und wurde von Uruguay gewonnen. Friedenreich und Brasilien zeigten eine eher bescheidene Leistung mit zwei Unentschieden und einer Niederlage. Im Jahre 1917 wurde Friedenreich nicht berufen, und Uruguay konnte auf heimischem Boden seinen Titel verteidigen.

Für 1918 war geplant, dass die Campeonato Sul-Americano in Brasilien ausgetragen werden sollte. Als jedoch die Spanische Grippe ausbrach, entschied man sich, den Wettbewerb auf 1919 zu verschieben. Das Turnier sollte einen dramatischen Verlauf nehmen. In einer Meisterschaft mit nur vier Mannschaften gewannen Brasilien und Uruguay ihre Spiele gegen Argentinien und Chile. Die letzte Gruppenbegegnung am 25. Mai 1919 im Laranjeiras-Stadion in Rio de Janeiro würde also über den Titel entscheiden. In einem hochklassigen und umkämpften Spiel trafen Scarone und Gradim für den Favoriten Uruguay, Neco zweimal für Brasilien. Das Unentschieden vertagte die Entscheidung. Für den 29. Mai 1919 wurde eine Wiederholungspartie angesetzt. Diese sollte noch mitreißender werden.

Geschäfte, Banken und Büros machten an diesem Tag früher Feierabend, da jedermann das Spiel verfolgen wollte. Schon eine Stunde vor Anpfiff platzte das Stadion aus allen Nähten. Niemand wurde mehr durch die Eingangstore gelassen, und so wurde das Spielgeschehen

Die brasilianische Nationalmannschaft des Finales der Südamerikameisterschaft von 1919. Fried kniet vorne in der Mitte.

durch Lautsprecher nach draußen übertragen. Auf dem Platz wurde Friedenreich eng gedeckt, denn sein Ruhm war schon über die Landesgrenzen hinausgedrungen. Trotz Gelegenheiten auf beiden Seiten wollte kein Tor fallen. Nach 90 Minuten stand es immer noch 0:0. Auch eine Verlängerung von 30 Minuten brachte nichts ein. Der Schiedsrichter entschied daraufhin, noch eine Verlängerung von 30 Minuten anzupfeifen.

Doch schon nach drei Minuten nahm sich Frieds Sturmkollege Neco ein Herz und überrannte mit einem Doppelpass die uruguayische Abwehr auf der linken Seite. Von dort flankte er in den Strafraum, wo Heitor frei zum Kopfball kam. Uruguays Torwart Saporiti konnte das Geschoss nur in die Mitte abwehren. Das war die Chance Friedenreichs, der den Ball geschickt mit der Brust aufnahm und mit dem linken Fuß in die Maschen schob. Der Jubel kannte keine Grenzen. Die Zuschauer schmissen, wie es in dieser Zeit üblich war, ihre Hüte in die Luft. Das Finale musste unterbrochen werden, um den Platz wieder bespielbar zu machen. Nach Entfernung der Hüte konnte Brasilien den Vorsprung bis zum Schlusspfiff verteidigen.

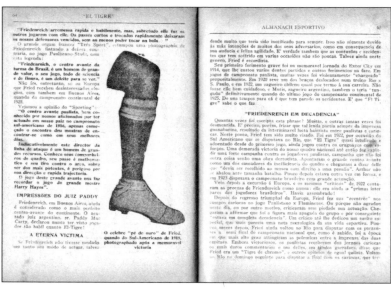

Friedenreichs »Goldfuß«.

Dann brachen alle Dämme: Die Zuschauer stürmten den Platz und trugen Friedenreich auf ihren Schultern. Im Tumult sollten die Uruguayer noch echten Sportsgeist beweisen und Friedenreich eine Urkunde mit folgendem Text überreichen: »Wir, die Mitglieder der uruguayischen Nationalmannschaft, übertragen dem Herrn Arthur Friedenreich aufgrund seiner perfekten Leistung als Mittelstürmer bei dieser südamerikanischen Meisterschaft den Titel ›El Tigre‹ – der Tiger des Fußballs.«

Das ganze Land feierte auf den Straßen. Brasilien hatte seinen ersten großen Titel gewonnen. Die Mannschaft wurde mit Ehrungen überhäuft. Der zu dieser Zeit populäre Komponist Pixinguinha widmete dem Sieg ein Lied mit dem Titel »1:0«. Die Tageszeitung *A Noite* ging sogar so weit, dass sie auf ihrer ersten Seite ein lebensgroßes Foto von Friedenreichs Fuß mit der Überschrift »Der Goldfuß« abbildete. Dies war das erste Foto überhaupt auf dem Deckblatt einer Zeitung. Weder Minister noch Präsidenten hatten bisher diese Ehre erhalten. Frieds linker Fußballstiefel wurde am Tag nach dem Finale in der Vitrine des Juweliers Oscar Machado im Zentrum Rios inmitten des Goldschmucks ausgestellt. Damit hatte Friedenreich zwei weitere Spitznamen erhalten: »der Tiger« und »Goldfuß«.

Die Mannschaft wurde nach dem Spiel von Präsident Epitácio Pessoa empfangen, der die Spieler mit Gedenkmedaillen und einem Festbankett ehrte. Die Feier endete erst in den frühen Morgenstunden. Torschützenkönig wurde Neco mit zehn Treffern, herausragender Spieler war jedoch Friedenreich mit seinen kurzen, schnellen Dribblings, dem Effetschuss und sieben Toren. Er war auf dem Höhepunkt seiner Karriere angelangt.

Nach diesem Höhenflug begannen jedoch die Probleme. Fried wurde für die Campeonato Sul-Americana 1920 in Chile nicht berufen. Im darauf folgenden Jahr sollte Präsident Epitácio Pessoa, der Fried soeben noch geehrt hatte, für einen Eklat sorgen, indem er sich am Vorabend der Spielerberufung mit dem Präsidenten des CBD traf. Am Tag darauf wurde eine Nationalmannschaft für die Südamerikameisterschaft in Argentinien ohne farbige Spieler bekannt gegeben. Schon Wochen vor dem Turnier wurde diese Frage im Parlament diskutiert, denn die Parlamentarier befürchteten, dass Brasilien als unterentwickeltes Land betrachtet und sein Ruf beschädigt werden könnte. Grund dafür war, dass bei der Meisterschaft in Uruguay 1917 die Brasilianer von den Argentiniern als »Affen« beschimpft wurden. Die »weiße« Nationalmannschaft wurde nur Zweiter und musste mit dem rassistischen Schandfleck leben.

Das Laranjeiras-Stadion in Rio de Janeiro wurde 1922 erneut zum Schauplatz der Südamerikameisterschaft ausgewählt. Diesmal wurde »der Tiger« nominiert. Doch beim 1:1 im Auftaktspiel gegen Chile wurde er so schwer verletzt, dass ihm der Mannschaftsarzt für die nächste Begegnung Schonung verordnete und er erst zum 0:0 gegen Uruguay wieder auflief. Nach diesem Spiel wurde Fried erneut für spielunfähig erklärt. Doch der war anderer Meinung und ließ sich von einem privaten Arzt seine Einsatzfähigkeit bescheinigen. Dieses Verhalten missfiel den Verantwortlichen der CBD zutiefst, und es begann eine öffentliche Schlammschlacht. Spieler, Sportfunktionäre und Presse interpretierten die Animositäten als einen Machtkampf zwischen Rio de Janeiro und São Paulo. Die Rivalität zwischen beiden Städten brach offen aus. Die Konsequenz war, dass Friedenreich aus der Nationalmannschaft ausgeschlossen wurde und am 3:1-Finalsieg über Paraguay nicht teilnehmen konnte.

Es folgte eine Eiszeit, in der Fried nicht mehr nominiert wurde. Der in Rio de Janeiro stationierte CBD tendierte dazu, nur Spieler aus der

Ein seltenes Bild: Friedenreich (vorne, mit dem Mädchen an der Hand) in der Seleção. (Quelle: CCMW-IEP)

eigenen Stadt für die Nationalmannschaft zu berufen. Erst zum Kontinentalturnier in Argentinien 1925 erhielt Friedenreich wieder eine Einladung, wobei seine Leistung zurückhaltend beurteilt wurde. »Der Tiger« kam gegen Paraguay (5:2), Argentinien (1:4), erneut Paraguay (3:1) und schließlich Argentinien (2:2) zum Einsatz und erzielte zwei Tore. Brasilien wurde Vizemeister hinter dem Gastgeber.

Kurz danach entbrannte in São Paulo die erwähnte Krise zwischen Professionalismus und Amateurideal. Friedenreichs Verein Paulistano sollte den neuen Verband LAF gründen, der von der CBD nicht anerkannt wurde. Wiederum flog er aufgrund politischen Machtgezerres, auf das er keinen Einfluß besaß, aus der Nationalmannschaft. Auch für die Weltmeisterschaft 1930 wurde er nicht nominiert, da der CBD beschlossen hatte, nur Spieler aus Rio de Janeiro nach Uruguay zu schicken. Nachdem Brasilien dort in der Vorrunde ausgeschieden war, durfte Fried im selben Jahr sein einziges Länderspiel gegen eine nicht-südamerikanische Auswahl bestreiten, das mit 3:2 gegen Frankreich gewonnen wurde.

Friedenreichs internationale Karriere ging damit etwas melancholisch zu Ende. Erst 1935 wurde er zum letzten Mal, als inzwischen

42-Jähriger, zu einem Abschiedsspiel berufen. Im São Januário zu Rio de Janeiro wurde der argentinische Verein River Plate mit 2:1 besiegt. Für die im Jahr zuvor ausgetragene WM in Italien war er schon zu alt. So kam es, dass der bedeutendste brasilianische Spieler der Pionierjahre des Fußballs keine einzige WM bestreiten durfte. Aufgrund der ständigen Verbandsstreitigkeiten um die Vormachtstellung kam »der Tiger« nur auf 22 Länderspiele, in denen er zehn Tore erzielte.

8. Kapitel
Rassismus à Brasileira

Der Begriff »Rassismus« wird sicher selten mit Brasilien in Verbindung gebracht. Schon der Schriftsteller Stefan Zweig war bei seinem Südamerika-Aufenthalt 1933 davon beeindruckt, wie friedlich die verschiedenen Ethnien zusammenleben, und brachte dies in dem Buch »Brasilien: Ein Land der Zukunft« zum Ausdruck. Um so verwunderlicher ist die Tatsache, dass Friedenreich aufgrund seiner Hautfarbe auf Geheiß des brasilianischen Staatspräsidenten nicht für die Nationalmannschaft spielen durfte. Dies widerspricht unserem landläufigen Bild von Brasilien und lohnt deshalb eine genauere Analyse.

Brasilien war bis 1822 eine portugiesische Kolonie und wurde deshalb als Teil Europas verstanden, obwohl in Brasilien schon damals rund dreimal so viel Afrikaner und Indianer wie Europäer lebten. Erst mit der Unabhängigkeit begann man über die Existenz oder die Schaffung einer nationalen Identität nachzudenken. Kaiser Pedro I. förderte diese politisch gesteuerten Überlegungen mit der Gründung des brasilianischen Instituts für Geschichte und Geografie (IHGB) in Rio de Janeiro 1838, um die eigene Unabhängigkeit zu bekräftigen. Hauptaufgabe des Instituts war es, Brasilien geschichtlich und geografisch zu definieren. Leitende Ideen für dieses Vorhaben stammten zunächst von dem deutschen Botaniker Karl Friedrich von Martius, der das Werk »Wie man die Geschichte Brasiliens schreiben sollte« veröffentlichte.

Von Martius sah die Rassenmischung als wichtigste Charakteristik Brasiliens, die zum Wohle der Nation gefördert werden solle. Zwischen den Ethnien nahm er jedoch wichtige Unterschiede wahr. So erklärte er die Schwarzen zum Hindernis des Fortschritts, die Indianer zur original brasilianischen Komponente und die Weißen zur zivilisatorischen Triebkraft. Eine Mischung der drei Rassen würde die Rückständigkeit der Schwarzen überwinden und die Zivilisation der Weißen an alle verbreiten.

Der Historiker Francisco Varnhagen erklärte 1857 explizit, dass die Schwarzen Brasilien ein großes Übel zugefügt hatten und deren Verschwinden angestrebt werden müsse. Der Beweis sei die hochentwickelte nordische Zivilisation im Gegensatz zur offensichtlichen Rückständigkeit des afrikanischen Kontinents. Diese rassistischen Ideen wurden im Laufe des 19. Jahrhunderts von Intellektuellen verschiedener Fakultäten in ganz Brasilien mitgetragen. Die Juristen Lombroso und Ferri von der Universität in Recife versuchten 1891 zu beweisen, dass der Wahn und die kriminelle Energie in der angeborenen Natur der schwarzen Rasse lägen. Als Quelle dienten ihnen Polizeiberichte, die feststellten, dass Straftaten in erster Linie von Farbigen verübt wurden. Ähnlich sahen das einige Mediziner der Universität Bahia, die eine biologische Rückständigkeit bei der schwarzen Bevölkerung ausmachten. Diese sei eine Belastung für den Fortschritt des Landes.

Die Folgerung aus diesen Forschungsergebnissen von Wissenschaftlern war die Forderung nach einer Rassenhygiene nach sozialdarwinistischem Vorbild. Dazu gehörte durchaus auch Rassenmischung, denn man ging davon aus, dass sich so die weiße Rasse durchsetzen würde. Das Archäologisch-geschichtliche Institut in Recife prägte dafür den Begriff des »Weißmachens«.

Die brasilianischen Forscher sahen die Unterlegenheit der Schwarzen als angeborenen Bestandteil ihrer Rasse. Deswegen würde auch Bildung und Erziehung keinen Fortschritt bringen. Vielmehr sollten möglichst viele Weiße mit Schwarzen »gekreuzt« werden. Man ging davon aus, dass sich das starke Gen durchsetzen und so die schwarze Rasse verschwinden würde.

Mit der Ausrufung der Republik 1889 und der Sklavenbefreiung gewann die Diskussion neue Aktualität und Brisanz. Der Klassenunterschied war nicht mehr deutlich durch bürokratische Richtlinien geregelt. Das Gesetz der Sklavenbefreiung regelte nur das Verbot der Sklavenhaltung, aber nicht den neuen Status der befreiten Bevölkerung. Die Gesellschaft musste durch Selbstregulierungsprozesse die neue Hierarchie definieren. Die Schwarzen forderten hierbei natürlich die Gleichberechtigung, während die herrschende weiße Elite unter anderem den rassistischen Diskurs nutzte, um den Machtkampf für sich zu entscheiden. Die soziale Diskriminierung wurde rassistisch begründet.

Im Alltag wurden die weißen europäischen Arbeitsmigranten bevorzugt behandelt. Sie erhielten teilweise sogar kleineren Grundbesitz, auf dem sie sich niederlassen konnten. Das schwarze Proletariat wurde durch ein weißes Proletariat »überschichtet«. Wichtigster Intellektueller des rassistischen Diskurses war Nina Rodrigues, der 1894 sagte, ein Mitglied der niedrigen Rassen könne nie durch Intelligenz das Niveau der höheren Rassen erreichen.

Vielmehr wurden den Farbigen negative Machenschaften wie Magie und Hexerei nachgesagt. Kulturelle Errungenschaften mit afrikanischem Hintergrund, wie die Tänze Capoeira, Jongo und Samba, wurden abschätzig behandelt. Man sagte den Schwarzen sogar nach, extrem oft Selbstmord zu begehen, da sie nicht stark genug für das Leben seien.

In der Praxis war aber der theoretische Diskurs der Rassengegensätze von Anfang an zum Scheitern verurteilt. Brasilien war nie ein rein zweirassiges Land. Denn schon im 19. Jahrhundert gab es genügend Mulatten mit den verschiedensten Schattierungen der Hautfarbe; ganz abgesehen von der Existenz der Indianer. Endgültig untragbar wurden die Theorien durch die Migrationswellen der Jahrhundertwende, als Menschen nicht nur aus Europa, sondern auch aus verschiedenen asiatischen Regionen, beispielsweise Syrien, Armenien und Japan, kamen.

In den Jahren 1864 bis 1870 führte Brasilien in einer Dreierallianz mit Uruguay und Argentinien Krieg gegen die damalige Großmacht Paraguay. In die brasilianische Armee wurden zum ersten Mal auch farbige Soldaten eingezogen, die sehr gelobt wurden und ihren Wert beweisen konnten. Brasilien war plötzlich auf die Schwarzen angewiesen.

Den deutlichsten Beweis, die Unterlegenheitstheorie zu widerlegen, lieferten Farbige, die Karriere durch herausragende Arbeiten machten. Einer ist der Ingenieur und Abgeordnete André Rebouças (1838-1898), der die Wasserversorgung Rio de Janeiros konstruierte. Der andere war der Schriftsteller Machado de Assis, der aufgrund seines perfekten Gebrauchs der portugiesischen Sprache auch als »Goethe Brasiliens«

bezeichnet wird. Es regten sich erste Widersprüche gegen die herrschenden Vorstellungen.

Ein anderes Problem war, dass sich die Theorie des »Weißmachens« als nicht praktikabel erwies. Das weiße Gen zeigte sich nicht als das dominierende. Als Ergebnis der Rassenkreuzung entstanden Mulatten, die eher als Schwarze und nicht als Weiße wahrgenommen wurden. Dennoch hielten sich die Vorurteile gegenüber den Schwarzen hartnäckig. Noch 1929 wurde ein Kongress zur Eugenik veranstaltet, bei dem der Anthropologe Edgar Roquette-Pinto verkündete, dass die Indianer und Afrikaner in Brasilien zum Aussterben bestimmt seien. In naher Zukunft gäbe es nur noch Weiße.

Das Überleben der im Alltag offensichtlich widerlegten Rassentheorien hatte seinen Grund in ihrer sozialen Funktion. Eigentlich ging es, ähnlich wie bei der Debatte zum Professionalismus im Fußball, um die Aufrechterhaltung der sozialen Hierarchie. Wenn also ein Farbiger deutlich machen konnte, dass er Vermögen hatte, dann konnte er zwar soziale Barrieren überwinden, seine Hautfarbe würde jedoch immer als Zeichen der Armut interpretiert werden.

Friedenreich und seine farbigen Kollegen spürten diese Last an der eigenen Haut. Zunächst gelang ihm der Zugang zu der fußballspielenden Elite aufgrund seiner deutschen Abstammung und des anerkannten Bürgerstatus der Familie. Er war also nicht *sozial* diskriminiert. Seine Hautfarbe war jedoch ein Kennzeichen der Unterschicht. Deshalb wurde er *rassistisch* diskriminiert. Friedenreich musste immer wieder deutlich machen, dass er trotz dunkler Hautfarbe der Elite angehört. Die Konsequenz war, dass er Maßnahmen zum »Weißmachen« ergriff. Er glättete seine Kräuselhaare mit heißen Tüchern und mit Gel. Manchmal spielte er sogar mit einem Haarnetz.

Ein anderes bekanntes Beispiel dieses Michael-Jackson-Syndroms ist der Spieler Carlos Alberto, der in den Eliteklub Fluminense in Rio de Janeiro aufgenommen wurde. Er trug sogar

Friedenreich mit Haarnetz.

Torschütze Friedenreich.

Puder auf, um so weißer zu erscheinen. Fluminense wird bis heute Pó-de-arroz, also Puder, genannt, und seine Anhänger werfen Talk in die Höhe beim Einlaufen der Mannschaft.

Die Widersprüche der brasilianischen Rassentheorien werden an diesen Beispielen überdeutlich. Sie führten auch zu kuriosen Ereignissen wie den Spielen zwischen Weißen und Schwarzen, die in den 1920er Jahren in São Paulo durchgeführt wurden. Aus heutiger Sicht überrascht, dass Friedenreich in der Mannschaft der Weißen spielte. Diese Spieler wurden von den elitären Klubs gestellt, die im offiziellen Fußballverband organisiert waren. Die schwarze Mannschaft dagegen bezog ihre Spieler aus den unorganisierten Auenmannschaften. Weiß war also derjenige, der der Elite angehörte, und schwarz derjenige aus der Unterschicht, unabhängig von der Hautfarbe. Fried trat in den Jahren 1927 und 1928 insgesamt dreimal zu solchen Spielen an und verlor zweimal mit 2:3 und 2:4. In der dritten Begegnung konnten die Weißen mit 4:2 die Oberhand bewahren.

Die praktische Diskriminierung war schon damals nicht offen rassistisch, sondern sozial. Es gab keine offizielle Regelung in den Gesetzen zur Rassentrennung, wie das zum Beispiel in den USA oder Südafrika der Fall war. Im Prinzip verstand sich Brasilien aufgrund seiner

Verfassung als Demokratie und durfte somit niemanden ausgrenzen. So verschob sich der Rassismus vom öffentlichen Raum in die Privatsphäre. Er wurde übertüncht und blieb somit vielfach unsichtbar.

Dieses System war sehr ausgefeilt, denn es gab Farbige in allen Lebensbereichen, wie die schon genannten Machado de Assis, Rebouças und die brasilianischen Soldaten zeigen. Auch durften Schwarze Fußball spielen. Die Auenmannschaften waren seit den 1920er Jahren organisiert. Dazu gab es eine sogenannte schwarze Presse, die unter dem Prinzip »Von Farbigen für Farbige« besonders über die Auenmannschaften berichtete. Die Mannschaften der Schwarzen zeigten sich in den Spielen als überlegen, und so gelang ihnen mehr und mehr der Zugang zu den im Verband organisierten Vereinen. Farbige durften nach demokratischen Prinzipien am öffentlichen Leben teilnehmen, wurden aber hinter verschlossenen Türen stillschweigend systematisch benachteiligt. So sicherte der brasilianische Rassismus den Fortbestand der internen Hierarchie auch nach der Sklavenbefreiung.

Das System der sozialen Ausgrenzung funktionierte dadurch recht gut. Doch der präsidiale Befehl, Farbige aus der Nationalmannschaft für die Südamerikameisterschaft 1921 auszuschließen, folgte einer anderen Logik. Hier waren internationale Interessen im Spiel. Brasilien fühlte sich weiterhin minderwertig im Vergleich zu anderen Nationen. Grund dafür war die Präsenz der Schwarzen. Bei dem Krieg gegen Paraguay hatten die argentinischen Nachbarn zum ersten Mal ausgiebigeren Kontakt mit der farbigen Bevölkerung Brasiliens. Seit dieser Zeit wurden die Brasilianer in Argentinien als »Macaquitos« (Äffchen) beschimpft. Dies sollte sich bei Spielen zwischen Mannschaften beider Länder wiederholen.

Da die Meisterschaft 1921 in Argentinien stattfand, war die Gefahr der Macaquitos-Rufe groß. Trotz offensichtlicher Gegenbeweise war der vorherrschende Diskurs in Politik und Universität weiterhin der einer Rassenhygiene. Darauf basierend entschied Präsident Epitácio Pessoa, farbige Spieler zu Hause zu lassen. Im Inneren reichte der herrschenden Elite die Wirkung sozialer Diskriminierung und die Hoffnung auf ein allmähliches »Weißwerden« aller Bevölkerungsgruppen. Nach außen aber wollte man nur Weiße als Repräsentanten der brasilianischen Gesellschaft dulden und verhielt sich daher offen rassistisch.

»Und dann vereinten sich der Fußball der Stadien und der Fußball der Auen.«
(Quelle: J.C.Lobo)

Erst 1933 sollte die Veröffentlichung des Buches »Herrenhaus und Sklavenhütte« von Gilberto Freyre eine radikale Änderung der Sichtweise der Sozialwissenschaften herbeiführen. Er machte klar, dass die portugiesische Kolonie ohne die Schwarzen nicht möglich gewesen wäre, und listete positive Eigenschaften der drei wichtigsten Ethnien Brasiliens auf, die nach seiner Auffassung zur Konstruktion eines wunderbaren Landes beitrugen.

Doch das tatsächliche Umschwenken in der Außendarstellung geschah erst mit dem Ende des Zweiten Weltkriegs 1945. Jegliche Rassentheorie von der Überlegenheit der Weißen hatte sich durch das Desaster Hitler-Deutschlands in Rauch aufgelöst. Die Welt suchte nach alternativen Ideen. Da kam es Brasilien nur gelegen, dass man sich nun auch nach außen als ein Land der Toleranz darstellen konnte. Plötzlich war das friedliche Zusammenleben der Ethnien ein Qualitätszeichen.

Schon bei der WM 1938 war der farbige Brasilianer Leônidas da Silva der große Star in der europäischen Presse. Der Journalist Mario Filho war ein Freund von Gilberto Freyre und stand unter dessen Einfluß. Aufgrund dieser Inspiration schrieb er 1947 das Buch »Der Neger im brasilianischen Fußball« (O negro no futebol brasileiro), das als urbane Version von »Herrenhaus und Sklavenhütte« gefeiert wurde. In ihm beschrieb er den Aufstieg und die Qualitäten der farbigen Spieler, wie Friedenreich, Leônidas und Domingos da Guia, die den typisch brasilianischen Stil kreierten. Fußball wurde zur Kunstform, in der man sich überlegen fühlen konnte.

Plötzlich war es schick, mit der Mischung der Ethnien international Werbung machen zu können. Heiße Rhythmen wie Samba, die sinnlichen Mulattinnen und eben farbige Fußballer erfuhren eine Aufwertung, auf die Brasilien stolz wurde. Man konnte sich im Ausland mit seiner afrikanischen Vergangenheit positiv darstellen.

So sehr sich auch die Außendarstellung der brasilianischen Identität aufgrund dieser Ereignisse änderte, so wenig änderte sich im Inneren des Landes. Sicher sind sämtliche sozialdarwinistischen Ideen aus dem offiziellen Diskurs von Politik, Wissenschaft und Presse verschwunden. Die rassistischen Strukturen der brasilianischen Gesellschaft, die farbige Menschen benachteiligen, bestehen jedoch weiterhin. Man könnte sagen, dass es in Brasilien den »Rassismus ohne Rassisten« gibt.

Farbige können in den Bereichen Musik, Kunst und Sport erfolgreich sein. In anderen Bereichen der Gesellschaft haben sie es aber weiterhin so schwer, dass ihr Aufstieg so gut wie unmöglich scheint. Auf diese Weise wurde den Schwarzen »ihr Platz zugewiesen«. Für die weiße Oberschicht erwies es sich als viel effektiver, die Machterhaltung mit Hilfe eines Diskurses über die »rassische Demokratie«, die allen Brasilianern Aufstiegsmöglichkeiten bietet, zu erreichen, als mit rechtlichen Vorschriften zur Rassentrennung, wie sie in den USA oder in Südafrika existierten.

In den 1950er Jahren beschrieb der Soziologe Florestan Fernandes diese Situation als eine »Ausgrenzung durch Teilnahme«. Es werde weiterhin diskriminiert, obwohl ein allgemeines Bewusstsein besteht, dass diese Attitüde für das Opfer beleidigend und für den Täter verwerflich ist. Deshalb wohl hat auch Friedenreich selbst nie öffentlich zu dem Thema Stellung genommen. Rassismus war und bleibt ein Tabu. Jahre später wurde Pelé von Organisationen, die die Rechte der Schwarzen verteidigen, zum Thema interviewt. Dabei behauptete er, dass es keinen Rassismus in Brasilien gäbe und er auch nie darunter gelitten hätte. Er könne sich nicht zu einem brasilianischen Muhammad Ali entwickeln, der für die Schwarzen eintritt, da die Realität in seinem Land eine andere wäre. Die Frage stelle sich nicht.

In der Verfassung von 1988, nach der Redemokratisierung Brasiliens, ist Rassismus zum ersten Mal offiziell als Straftat festgehalten. Es gibt jedoch so gut wie keine Fälle der Anwendung dieses Paragrafen. Dadurch entsteht die Illusion von der Nicht-Existenz des Rassismus. Der brasilianische Rassismus will niemanden auf eine Art ausschließen, wie das in Deutschland durch den Ruf »Ausländer raus« zum Ausdruck kommt. Stattdessen sollen die unteren sozialen Klassen dazu gebracht werden, weiterhin unterwürfig zu dienen.

Friedenreich erfuhr in den 1920er Jahren die Konsequenzen der beiden Seiten des brasilianischen Rassismus. Zum einen wurde er als relativ wohlhabendes Mitglied einer deutschen Familie in die innere soziale Organisation aufgenommen, konnte Fußball spielen und wurde nicht sozial diskriminiert. Als es aber um die Außendarstellung des Landes ging, wurde ihm seine Hautfarbe zum Verhängnis. Das afrikanische Erbe Brasiliens wurde zu seiner Zeit noch nicht als repräsentationsfähig anerkannt.

9. Kapitel
Karriereende

Mit dem Ende des Fußballs bei Paulistano war auch der Höhepunkt von Friedenreichs Karriere überschritten. Anfang 1930 standen er und seine Kollegen ohne Klub da. Der Zufall wollte es, dass der Verein AA Palmeiras zwar mit der Chácara da Floresta über ein eigenes Stadion für etwa 15.000 Zuschauer verfügte, aber keine gute Mannschaft hatte und in einer schweren Finanzkrise steckte. Somit war schnell eine Lösung gefunden. Etwa 60 unzufriedene Mitglieder des CA Paulistano trafen sich am 26. Januar 1930 mit Vertretern des AA Palmeiras und gründeten einen neuen Verein: den São Paulo da Floresta.

Beide Vorgängervereine ergänzten sich perfekt: Der eine brachte die Meisterspieler von 1929, der andere die Struktur und das Stadion mit. Übernommen wurden außerdem die Vereinsfarben Rot-Weiß von Paulistano und Schwarz-Weiß von AA Palmeiras, die zu einem dreifarbigen rot-weiß-schwarzen Wappen zusammengefügt wurden. 1935 sollte sich der Klub in São Paulo FC umbenennen und Trikot, Abzeichen und Farben beibehalten. Damit waren die vier großen, noch heute erfolgreichen Profivereine São Paulos gegründet: Corinthians,

Friedenreich im Trikot des São Paulo da Floresta. (Quelle: CCMW-IEP)

Palmeiras (zu diesem Zeitpunkt noch unter dem Namen Palestra Italia), Santos FC und eben São Paulo FC.

Nach dem Rückzug Paulistanos schloss auch die Amateurliga LAF die Tore, und die Meisterschaft konnte in der eingleisigen LFP ausgetragen werden. Der Liganeuling São Paulo da Floresta zählte aufgrund der prominenten Spieler sofort zu den Favoriten, wurde aber nur Zweiter. Meister wurden 1930 die Corinthians. 1931 machte es das Team besser und sicherte sich den Titel. Friedenreich wurde in beiden Jahren zweitbester Torschütze mit 26 bzw. 32 Treffern. Nur der neue Stürmerstar Feitiço war besser. Eine respektable Leistung für einen inzwischen 39-Jährigen, der noch nicht ans Aufhören dachte.

Das Jahr 1932 sollte jedoch aufgrund politischer Ereignisse dramatische Züge nicht nur für Fried erhalten. Präsident Vargas war seit zwei Jahren im Amt und hatte eine diktatorische Regierungsform eingeführt. Die politische Elite des Bundesstaates São Paulo war noch immer unzufrieden und gekränkt, da ihr Vertreter Washington Luís aus dem Amt geputscht worden war. Ihr Machtverlust ging so weit, dass Vargas sogar einen ortsfremden Gouverneur in São Paulo einsetzen konnte. So regte sich Widerstand gegen die Vargas-Regierung. Es formierte sich eine politische Bewegung, die eine demokratische Verfassung für Brasilien und einen lokalen Gouverneur forderte. Der Bundesregierung gelang es jedoch zunächst, mit Guerillamethoden die feste Organisation dieser Oppositionsbewegung zu untergraben. Eingeschleuste Störer und Attentate verhinderten einen geordneten Aufbau.

Auf der anderen Seite führten die Anschläge zu Opfern unter der Zivilbevölkerung, die eigentlich erst dadurch auf die Vorgänge aufmerksam wurde. Bisher war die Auseinandersetzung eine reine Machtfrage zwischen den ehemals mächtigen Großgrundbesitzern São Paulos und der Vargas-Regierung. Ein Attentat durch regimetreue Soldaten am 23. Mai 1932, bei dem fünf Jugendliche im Zentrum São Paulos ermordet wurden, brachte jedoch das Fass zum Überlaufen. Die Kaffeebarone konnten nun auf die Unterstützung des Volkes bauen und rüsteten zum Krieg.

Am 9. Juli 1932 wurde in São Paulo eine Armee mit 40.000 Mann aufgestellt, die in Richtung Rio de Janeiro marschieren sollte, um die Regierung zu stürzen. Die Drahtzieher dieser sogenannten Verfas-

Sergeant Friedenreich (vorderste Reihe, Mitte) in der Verfassungsrevolution von 1932. (Quelle: CCMW-IEP)

sungsrevolution rechneten mit der Unterstützung der Bundesstaaten Mato Grosso und Rio Grande do Sul, doch Letzterer machte kurzfristig einen Rückzug. Damit waren die militärischen Erfolgsaussichten sehr gering. Die 100.000 Mann starken Bundestruppen kreisten São Paulo schnell ein und kappten jegliche Nachschubversorgung, besonders den Seeweg.

Die Revolution wurde ein Schlüsselereignis für die regionale Identitätsbildung São Paulos, das sich als Vertreter der Regimegegner profilieren konnte. Der innerbrasilianische Krieg wurde zu einem Akt der Zivilcourage und die gefallenen Soldaten zu Märtyrern.

Die Fußballmeisterschaft wurde für vier Monate unterbrochen. Friedenreich meldete sich freiwillig zur Armee, um São Paulo zu verteidigen. Im Offiziersrang des Sergeanten führte er ein Bataillon an die Front. Von dort wurden wahre Heldengeschichten von ihm überliefert, deren Wahrheitsgehalt nicht immer nachprüfbar ist. So sagt man, dass gegnerische Soldaten von Frieds Präsenz erfuhren und sich für vergangene Niederlagen rächen wollten. »Wo ist Fried«, schrien sie. Dieser zeigte sich aus sicherer Entfernung und zog die Aufmerksamkeit auf sich. Währenddessen konnte der Rest seiner Kompanie den Gegner von der Seite überrumpeln.

Aber die Aufständischen verloren den Krieg, und so musste auch Frieds Truppe den Rückzug antreten. Der Großteil seiner Soldaten bestand aus Jungspunden von etwa 20 Jahren. In einer der letzten

Schlachten konnten die Regierungstruppen nicht mehr aufgehalten werden. Friedenreichs Kompanie erlitt große Verluste. Einer seiner Soldaten verstarb sogar in den Armen Friedenreichs. Das Ereignis blieb ihm traumatisch in Erinnerung.

Aufgrund herausragender Leistungen im Krieg wurde Friedenreich zum Leutnant befördert. Daheim in São Paulo wurde die Versorgungslage aufgrund des Belagerungszustands allmählich dramatisch. Die Bevölkerung wurde zu Spenden aufgerufen. Friedenreichs Beitrag war die Abgabe seiner sämtlichen Medaillen und Pokale. Doch das half nichts mehr, denn am 2. Oktober 1932 mussten die Aufständischen schließlich kapitulieren.

Somit war die Revolution militärisch besiegt, konnte aber ihre politischen Forderungen durchsetzen. Schon zu Revolutionsbeginn berief Vargas die verfassungsbildende Versammlung ein. Wenig später ernannte er einen lokalen Gouverneur für São Paulo. Die Revolution war für Präsident Vargas der Auslöser, seinen populistischen Regierungsstil auszuweiten. 1933 fanden Wahlen statt, bei denen zum ersten Mal auch Frauen ihre Stimme abgeben durften. Vargas nahm sogar an der Eröffnung der »Avenida 9. Juli« in São Paulo zum Gedenken an den Revolutionsbeginn teil. Er verstand es so, die Unzufriedenen in die eigenen Reihen zu integrieren. Für São Paulo wurde die Revolution jedoch zum Ausdruck der eigenen Identität, woran jährlich mit einem Feiertag gedacht wird.

Die Dinge mussten wieder zur Normalität zurückfinden, und so wurde auch die Fußballmeisterschaft wieder fortgesetzt. In der aufgrund der Revolution chaotischen Meisterschaft von 1932 fehlten noch drei Spiele zum Finale, die São Paulo da Floresta alle gewann. Trotzdem musste man sich mit dem zweiten Platz hinter Palestra Italia zufrieden geben. Dieses Resultat wiederholte sich in den Meisterschaften von 1933 und 1934. Friedenreichs Torausbeute ging in jenen Jahren rapid auf acht, dann vier Treffer zurück. Am 12. März 1933 erzielte er noch als letzte fußballerische Tat seiner Karriere das erste Profitor Brasiliens. Die Torjägerkanone rückte für ihn jedoch in weite Ferne, und so nahte auch sein Karriereende.

1935 schied er aus dem Kader des São Paulo da Floresta aus, der ihm ein großzügiges Abschiedsgeschenk überreichte: ein eigenes kleines Haus im Stadtteil Pinheiros. Fried trat zu einer Art Abschieds-

Fried (ganz rechts) als Trainer bei Tietê. (Quelle: CCMW-IEP)

tournee in den Mannschaften verschiedener Vereine an. Seine erste Verpflichtung war beim Santos FC, für den er fünf Spiele absolvierte und ein Tor erzielte. Später im Jahr wechselte er schließlich noch nach Rio de Janeiro zu CR Flamengo zu einem einmonatigen Gastspiel. In den vier dort von ihm bestrittenen Begegnungen konnte er aber kein Tor mehr erzielen. So kam es, dass Arthur Friedenreich, der »Tiger des Fußballs«, am 21. Juli 1935, mit 43 Jahren, sein letztes offizielles Fußballspiel bestritt. In dieser Abschiedsvorstellung trug er das Trikot von Flamengo gegen den Stadtrivalen Fluminense. Das Ergebnis war 2:2. Nach 26 Jahren Karriere war die Zeit reif für etwas Ruhe. Er kehrte zurück nach São Paulo und genoss das Leben mit seiner Frau Joana und dem Sohn Oscar in seinem Häuschen in Pinheiros. Seine Halbschwestern Adelaide und Alice aus zweiter Ehe des Vaters besuchten ihn oft. Die Familientreffen werden als sehr lebensfroh und einladend beschrieben. Friedenreich legte klassische Musik auf, die durch die offenen Fenster auf die Straße drang. Joana bereitete nicht nur den Sonntagsbraten, sondern auch köstlichen Kaffee und Kuchen.

Doch wie es so oft bei großen Fußballern ist, konnte auch er sich nicht wirklich vom Ball trennen. Bald wurde er eingeladen, um in Erstligaspielen als Schiedsrichter aktiv zu sein. Dies war zu jener Zeit schon eine Tradition geworden. Auch seine Vorgänger Miller, Nobiling, Friese oder Neco haben nach ihrer aktiven Zeit Spiele gepfiffen.

Rocha Netto und Friedenreich bei Tietê. (CCMW-IEP)

Kurzzeitig trainierte Fried auch den Amateurverein Tietê in São Paulo. Einer seiner Spieler war der spätere Journalist Rocha Netto. Diese Zusammenarbeit inspirierte Letzteren zu einer außergewöhnlichen Aktivität. Er begann in seiner Heimatstadt Piracicaba ein Archiv anzulegen, das den Fußball seit dieser Zeit bis zu seinem Tod im Jahr 2003 dokumentiert. Zeitungen, Fotos, Bücher und andere Dokumente sind dort aufbewahrt. Kernstück sind jedoch Spielerkarteien, in denen Rocha Netto alle Erstligaakteure registrierte, inklusive Laufbahn, Einsätze und erzielten Toren. Das Archiv ist heute ein Zentrum für die Dokumentation des brasilianischen Fußballs. Unter anderem nutzen ehemalige Aktive das Archiv, um ihren Lebenslauf für den Rentenbezug zu dokumentieren. Rocha Netto ehrte Friedenreich stets als den besten Spieler, den er je gesehen hatte.

Friedenreichs Karriere stellte nicht das typische Fußballmärchen des Jungen aus den Slums dar, der sich durch seine Fußballkünste zu einem wohlhabenden Mann hocharbeitet. Die brasilianische Version vom Tellerwäscher zum Millionär, die heute so populär ist, war zu seiner Zeit nicht möglich. Friedenreich stammte aus der Mittelklasse und hatte daher Zugang zu Schulen und einer guten Erziehung. Er sprach zum Beispiel mehrere Sprachen wie Deutsch, Englisch und Französisch. Das eröffnete ihm den Zugang nicht nur zu den elitären Fußballvereinen der Zeit, sondern ermöglichte ihm auch bescheidene Verdienstquellen.

Der erste große Fußballstar Brasiliens erhielt nach Karriereende zwar verschiedene Ehrungen von Verbänden und sogar vom Staatspräsidenten, zu wirklichem Reichtum aber kam er nicht. Andererseits garantierte ihm die Zugehörigkeit zur Mittelklasse mit der entsprechenden Bildung ein sicheres Einkommen ohne Armut. Im Jahr 1938 hängte er die Fußballstiefel endgültig an den Nagel und wurde Werbevertreter der Antartica-Brauerei.

Friedenreich war wie geschaffen für diesen Beruf, denn er hatte große Erfahrung mit Stammtischgesprächen. Mit seinen Fußballkollegen hatte er unzählige Male die Kneipen der Bohemeviertel von São Paulo und sogar Paris besucht. Seine lockere Art, mit der er sowohl mit bescheidenen Menschen als auch mit Führungspersonen umgehen konnte, kurbelten den Verkauf an. Friedenreich war sein Leben lang ein Grenzgänger zwischen Arbeiterkultur und Führungselite.

Seine Aufgabe in der Brauerei bestand darin, verschiedene Orte in Brasilien zu bereisen und die Produkte von Antartica anzupreisen. So kam er eines Tages auch in den Ort Presidente Prudente im Hinterland São Paulos. In der dortigen Kneipe traf Fried auf eine stadtbekannte Trinkerin, die jeden Mann zum Wettsaufen aufforderte. Friedenreich nahm die Herausforderung an und leerte mit ihr eine Flasche nach der anderen. Der inzwischen 50-Jährige behielt auch in dieser Situation die Ruhe, als ob er eine Mannschaft zum Sieg führen würde. Die ganze Stadt erfuhr von dem Wettbewerb, und so war die Kneipe nach kurzer Zeit überfüllt. Der Bierverkauf sollte der beste für lange Zeit gewesen sein. Nach sechs Stunden musste seine Herausforderin aufgeben.

Friedenreich in den 1950er Jahren. (Quelle: CCMW-IEP)

Natürlich verfolgte Friedenreich weiterhin die Entwicklungen des Fußballs und sah, wie Brasilien zum weltweit führenden Land in diesem Sport wurde. Bei der WM 1950 im eigenen Land musste er die unerwartete Finalniederlage Brasiliens gegen Uruguay miterleben. Vielleicht hat er auch deshalb den Kapitän und Vorzeigespieler der 1950er Mannschaft Zizinho nicht in die Elf seines

Lebens aufgenommen. In einem Interview erklärte er folgende Spieler zu den besten, die er je gesehen hat:

Tuffy, Domingos da Guia, Bianco, Djalma Santos, Amílcar, Nilton Santos, Formiga, Neco, Petronilhode Brito, Tim und Arnaldo.

Diese Aufstellung machte Fried, bevor Garrincha und Pelé bekannt wurden. Auffällig ist jedoch das Auslassen von Leônidas da Silva, der sicherlich der beeindruckendste Spieler der 1930er Jahre war.

Als Brasilien 1958 erstmals den Weltmeistertitel erringen konnte, erklärte Fried in einem Interview, dass dies schon der zweite Sieg sein könnte, wenn er selbst 1930 mitgespielt hätte. 1963 traf er dann den jungen Pelé, der schon nicht mehr genau wusste, vor wem er stand. Pelé hatte zu diesem Zeitpunkt mit Brasilien schon zweimal eine WM gewonnen. Die brasilianischen Titel von 1970, 1994 und 2002 sollte Friedenreich nicht mehr miterleben.

Am 30. März 1963 ging Friedenreich in Rente, nachdem er 25 Jahre lang für die Brauerei gearbeitet hatte. Zum ersten Mal in seinem Leben sollte das Geld knapp werden. Friedenreich geriet in Vergessenheit. Die Medien berichteten in großen Schlagzeilen über die Helden Pelé und Garrincha. Da gab es keinen Platz mehr für einen greisen Spieler, der nie Weltmeister war. Früher war er ein gern gesehener Gast auf den Ehrentribünen der Stadien. 1965 passierte es ihm sogar, dass er bei einem Spiel des Santos FC nicht mehr erkannt wurde und Eintritt zahlen musste. Er verfiel in Depression. Bei seinen Rundgängen auf dem städtischen Markt balancierte er oft noch den Ball kurz mit den dortigen Kindern. Er vollführte Kunststücke, die ein wahrer Meister wie er nie vergisst. Aber die Kinder kannten seinen Namen nicht mehr und erklärten ihn für verrückt, als er erzählte, dass er, Friedenreich, einmal Nationalspieler gewesen war.

Zu dieser Zeit erkrankte er an Parkinson. Aber auch seine Arteriosklerose brach offen aus. Diese auch Arterienverkalkung genannte Krankheit war wohl ein Erbe seiner Arbeit bei der Brauerei, denn sie wird besonders durch übermäßiges Trinken und fettreiche Nahrung hervorgerufen. In den Arterien sammeln sich dabei Blutfette und Kalk an, die die Herzfunktion beeinträchtigen. Er begann an totalem Gedächtnisverlust zu leiden und konnte sich nicht mehr aufrecht halten. Die geringe Pension reichte in den letzten Jahren seines Lebens nicht, um die Medikamente zu bezahlen. Deshalb lebte er vollkommen

Das Mausoleum der Amateursportler in São Paulo. (Quelle: Curi)

zurückgezogen in seinem Haus mit Frau und Sohn. Die Fensterläden wurden geschlossen und symbolisierten den traurigen Gegensatz zu dem offenen, fröhlichen Haus, das es noch in den 1940er Jahren gewesen war. Die Musik war verklungen.

Joana Friedenreich beklagte sich bitter über das Vergessen seitens der Öffentlichkeit. »Wenn er dann gestorben ist, braucht ihr nicht mehr zu kommen«, sagte sie. 1969 wurde der bettlägerige Arthur von einer tödlichen Lungenentzündung erfasst. Am 6. September 1969 verstarb er im Santa-Helena-Krankenhaus in São Paulo. Unter den ehemaligen Kollegen seiner Zeit rief sein Tod große Bestürzung aus. Aber die breite Bevölkerung nahm keinen Anteil mehr daran.

Friedenreich wurde im Mausoleum der Amateursportler auf dem Friedhof des Heiligen Paulus beigesetzt. Dies war eine letzte Hommage an die Amateurzeit des brasilianischen Fußballs. Das Monument am Grab kann bis heute besichtigt werden, doch kaum jemand sucht es auf.

10. Kapitel
1.329 Tore?

Friedenreich hat als Spieler den Grundstein für den brasilianischen Fußballstil gelegt. Ein Stil, der die Herzen der Fußballfans weltweit erobert hat und mit dem die Nationalmannschaft fünfmal eine Weltmeisterschaft gewinnen konnte, so oft wie kein anderes Land. Der Fußballsport wurde zum Aushängeschild und Exportprodukt des Landes.

Die junge Republik Brasilien war zur Zeit der Geburt Friedenreichs auf der Suche nach einer nationalen Identität. Hierbei konnten die internationalen Erfolge im Fußball die Ethnienmischung des Landes positiv darstellen. Auch daher wurde dieser Sport zu einem zentralen Element der nationalen Identität. Im Fußball war man die beste Nation der Welt. Die Nummer eins im Fußball zu sein, wurde zu einer Pflicht. Das erklärt, warum in Brasilien Bestenlisten der Spieler, Klubs und Nationalmannschaften so beliebt sind. Jedem Ranking, bei dem nicht ein Brasilianer an erster Stelle steht, wird misstraut.

Bestenlisten bezüglich Spielern sind nicht selten Interpretationssache. Denn es gibt nur wenige klare Indizien, die einen Spieler oder einen Stil als hochwertiger gegenüber anderen definieren könnten. Gerade bei der »ewigen Bestenliste« ist es schwierig, Ereignisse vom Beginn des Jahrhunderts mit heutigen zu vergleichen. Zu verschieden ist das Umfeld, in dem die Ereignisse stattfanden. Dasselbe gilt für die verschiedenen Spielpositionen wie Torwart, Verteidigung oder Stürmer, da subjektive Kriterien eine große Rolle spielen.

Objektiv vergleichbare Daten sind dagegen die Tore, die ein Fußballspieler während seiner Karriere geschossen hat. So verwundert es nicht, dass Brasilien die besten Stürmer aller Zeiten für sich proklamiert. Landläufig geht man davon aus, dass Pelé mit 1.284 der absolute Torschützenkönig aller Zeiten ist. Doch 1985 veröffentlichte das »Guinness-Buch der Rekorde«, basierend auf Daten der FIFA, die

Friedenreich 1918 im Trikot des CA Paulistano.

erstaunliche Behauptung, dass Friedenreich dieses Ranking mit 1.329 Toren anführen würde. Eine heiße Diskussion brach aus: Wer war nun besser?

In Brasilien gibt es zwei Biografien von Friedenreich, eine von Alexandre da Costa und eine von Orlando Duarte und Severino Filho. Es verwundert kaum, dass sich beide intensiv mit der Torjägerfrage beschäftigen. Duarte/Filho nennen ihr Werk sogar »Fried versus Pelé«. Die Autoren machten es sich zur Aufgabe, in mühevoller Kleinarbeit Friedenreichs Karriere nachzukonstruieren und Nachweise für seine Tore zu finden. Aufgrund von Zeitungsrecherchen kommen Duarte/Filho auf 558 Tore, da Costa auf eine Gesamtzahl von 554 Toren. Die in den Biografien genannte Anzahl ist durch Zeitungsartikel dokumentiert. Aber wie entstand die Zahl von 1.329 Treffern laut Guinness? Was erklärt diese Diskrepanz?

Die heutzutage akzeptierte Version ist, dass Arthurs Vater Oscar penibel über die Karriere seines Sohnes Buch geführt hat. Nicht nur Ligaspiele, sondern auch Auftritte für die Nationalmannschaft und Freundschaftsspiele wurden dabei aufgelistet. Als Oscar sich zu alt fühlte, mehrfach wöchentlich ins Stadion zu gehen, übertrug er diese Aufgabe an Arthurs Mannschaftskameraden Mario Andrada. Dieser führte mit Freude die Statistik fort, denn Friedenreich war inzwischen berühmt geworden. Man sagt, dass sich so 1.329 Spielberichte ansammelten, die 1.239 Tore auflisteten. Doch nach Friedenreichs Karriereende erlosch rasch das Interesse an ihm, und so behielt Andrada die Statistiken bis an sein Lebensende bei sich.

Erst kurz vor seinem Tod zeigte Andrada diese Spielberichte dem Sportjournalisten Adriano Neiva de Motta e Silva, genannt De Vaney. Dieser war begeistert von der Entdeckung des vermeintlich größten Torschützenkönigs aller Zeiten. Andrada wollte ihm die Statistiken überlassen, bat aber um etwas Aufschub, weil er die Listen nochmals überarbeiten wollte. Doch einige Tage nach dem Treffen verstarb Andrada. De Vaney ließ die Witwe eine Woche trauern, um dann nach den Spielberichten zu fragen. Die Familie interessierte sich jedoch nicht für Fußball und hatte Andradas Hinterlassenschaften schon aussortiert und weggeworfen. Die Dokumente wurden nie wiedergefunden.

De Vaney ließ sich dadurch nicht zurückhalten und schrieb in der Tageszeitung »Tribuna de Santos« eine Hommage an Arthur Frieden-

»Die Brasilianer haben eine große Zukunft vor sich.« (J.C.Lobo)

reich, in der er die Geschichte der 1.239 Tore öffentlich machte. Dies veranlasste ein Reporterteam, an der Tür Friedenreichs zu klopfen und die Geschichte zu überprüfen. Arthur war jedoch schon zu schwach und sein Parkinsonleiden zu sehr vorangeschritten, um die Fragen beantworten zu können. Die exakte Anzahl der Tore sollte nie mehr genau festgestellt werden können. Aber eine Legende war geboren, und sie sollte nun wachsen.

1965 erschien in Brasilien ein vielbeachtetes Buch mit dem Titel »Giganten des brasilianischen Fußballs«. Darin wurden die wichtigsten Spieler der ersten Jahrhunderthälfte in Minibiografien vorgestellt. João Maximo schrieb das Kapitel über Friedenreich und tauschte versehentlich die »2« mit der »3« in der Zahl 1.239, sodass seit diesem Jahr von 1.329 Toren Friedenreichs ausgegangen wird. Oder es wurde einfach die Zahl der Spiele Friedenreichs mit der Zahl der Tore vertauscht. Jedenfalls wurde diese Zahl an CBF, FIFA und später an das »Guinness-Buch der Rekorde« weitergegeben, ohne dass diese Institutionen die Information geprüft hätten. Die Zahl 1.329 wurde als Tatsache akzeptiert, bis da Costa im Jahr 1999 und Duarte/Filho im Jahr 2000 in ihren Biografien Zweifel anmeldeten.

Auflistung von Friedenreichs Toren (nach da Costa, 1999)

Jahr	Team	Spiele	Tore	Gesamt
1909	Germania	1	Keine Information	0
1910	Ypiranga	2	Keine Information	0
1911	Germania	13	4	4
1912	Mackenzie	11	15	18
	Andere	5	3	
1913	Ypiranga	8	5	6
	Americano	5	0	
	Andere	4	1	
1914	Ypiringa	12	16	25
	Auswahl São Paulo	5	3	
	Nationalmannschaft	4	1	
	Andere	5	5	
1915	Ypiranga	12	7	9
	Paysandu	3	Keine Information	
	Auswahl São Paulo	2	2	
1916	Paysandu	6	4	8
	Paulistano	2	0	
	Auswahl São Paulo	2	3	
	Nationalmannschaft	4	1	
1917	Ypiranga	6	14	24
	Flamengo	1	Keine Information	
	Paulistano	6	1	
	Auswahl São Paulo	4	8	
	Nationalmannschaft	1	1	
1918	Paulistano	15	25	39
	Auswahl São Paulo	8	14	
	Nationalmannschaft	1	0	
1919	Paulistano	21	28	34
	Auswahl São Paulo	1	2	
	Nationalmannschaft	4	4	
1920	Paulistano	20	37	41
	Auswahl São Paulo	1	3	
	Andere	1	1	
1921	Paulistano	22	35	36
	Andere	1	1	
1922	Paulistano	20	20	29
	Auswahl São Paulo	5	9	
	Nationalmannschaft	2	0	

Jahr	Team	Spiele	Tore	Gesamt
1923	Paulistano	17	17	**21**
	Auswahl São Paulo	3	2	
	Andere	2	2	
1924	Paulistano	24	26	**26**
1925	Paulistano	23	17	**22**
	Auswahl São Paulo	2	3	
	Nationalmannschaft	4	2	
1926	Paulistano	23	14	**15**
	Auswahl São Paulo	3	1	
1927	Paulistano	15	17	**19**
	Weißes Team	2	2	
1928	Paulistano	23	32	**36**
	Auswahl São Paulo	2	4	
	Weißes Team	1	0	
	Andere	2	Keine Information	
1929	Paulistano	24	20	**28**
	Auswahl São Paulo	7	6	
	Andere	2	2	
1930	Santos FC	1	0	**38**
	São Paulo da Floresta	30	31	
	Auswahl São Paulo	3	3	
	Nationalmannschaft	1	1	
	Andere	3	3	
1931	São Paulo da Floresta	26	33	**42**
	Auswahl São Paulo	9	9	
1932	São Paulo da Floresta	18	8	**8**
1933	São Paulo da Floresta	17	4	**5**
	Andere	1	1	
1934	São Paulo da Floresta	26	14	**15**
	Andere	1	1	
1935	São Paulo da Floresta	6	3	**6**
	Santos FC	5	1	
	CR Flamengo	4	0	
	Auswahl São Paulo	2	0	
	Nationalmannschaft	1	0	
	Andere	2	2	
Gesamt		579		**554**

Da Costa kommt somit auf die beeindruckende Zahl von 554 Toren Friedenreichs in 579 Begegnungen. Das bedeutet fast ein Tor pro Spiel. 95,68 Prozent ist eine aus heutiger Sicht unglaubliche Quote, die Friedenreich ohne Zweifel in den Olymp der Fußballgiganten stellt.

Auch 1.239 Tore sind gut möglich, wenn die Spiele außerhalb der Liga mitgezählt werden. Die offizielle Fußballgeschichte in São Paulo wurde jedoch von der Liga und ihren großen Vereinen, speziell Paulistano, geschrieben. Über alle Spiele außerhalb dieses Rahmens gibt es keine Dokumente.

Doch es ist wohl so, dass Friedenreich nie aufgehört hat, in den Auenmannschaften zu spielen, denn damit konnte er ein Extrageld verdienen. Diese inoffiziellen Ligen wurden zu Beginn des 20. Jahrhunderts immer populärer, und verschiedene Unternehmen begannen, die Mannschaften zu finanzieren. Aus Sicht der großen Vereine war das empörend und wurde abgelehnt. Da Friedenreich bei Paulistano nichts verdienen konnte, musste er weiterhin zwischen den offiziellen Verpflichtungen auch einige bezahlte Spiele in den Auen absolvieren. In den Liga- und Vereinschroniken ist solches »Fremdgehen« natürlich nicht vermerkt.

Es ist auch bekannt, dass Paulistano selbst zu Freundschaftsspielen eingeladen wurde. So existiert ein rares Filmdokument aus dem Jahr 1924 über einen Landausflug der Mannschaft nach Porto Ferreira, einer Kleinstadt unweit São Paulos. Der dortige Bürgermeister wollte zum Volksfest eine besondere Attraktion bieten und organisierte ein Showspiel zwischen Paulistano und einer lokalen Elf. Leider gibt es keine weiteren Dokumente. Aber es ist unwahrscheinlich, dass hier keine Gelder geflossen sind. Ebenso darf angezweifelt werden, dass es sich um einen Einzelfall gehandelt hat. Paulistano konnte solche Gelder auch nicht offenlegen, da sonst der Beweis für den Verstoß gegen die eigenen Statuten gegeben wäre.

Vater Oscar und der Kollege Mario Andrada konnten das unbefangener sehen. So ist es gut möglich, dass sie *alle* Tore aufgezeichnet haben, während die offiziellen Organe das nicht taten. Dies erklärt die Diskrepanz zwischen 1.239 und 554 Toren. Die Zahl 1.329 ist jedoch sicher als falsch anzusehen.

Man muss sich nun fragen, welchen Wert diese inoffiziellen Spiele gehabt haben. Zählt man alle Bolzplatzturniere, Strandkicks und

Straßenspiele zusammen, so haben Franz Beckenbauer, Gerd Müller, Romario und viele andere Spieler sicher auch über 1.000 Treffer erzielt. Somit ist die Anzahl von 554 Toren realistischer. Dies schmälert aber keineswegs die Leistung von Friedenreich, zumal die Zahl der Pflichtspiele pro Saison zu seiner Zeit erheblich geringer war als zu späteren Zeiten. Die FIFA geht ohnehin bis heute auf ihrer Homepage von 1.239 bzw. 1.329 Toren aus.

Außer einer fantastischen Zahl an Toren sind jedoch noch andere Legenden über Friedenreich überliefert. Eine der populärsten ist, dass Friedenreich einmal einen Elfmeter mit so großer Wucht geschossen habe, dass der Torwart dabei getötet worden sei. Fried hat in einer Stellungnahme dazu erklärt, dass er tatsächlich einen Strafstoß ausgeführt hat, in dessen Konsequenz der Torwart ins Krankenhaus musste. Der Schlussmann sei aber keineswegs getötet worden, sondern wehrte den Ball mit dem Bauch ab. Der Aufprall war so heftig, dass ihm übel wurde – zumal er unglücklicherweise kurz vor dem Spiel zu Mittag gegessen hatte. In den folkloristischen Erzählungen wurde die Darstellung dramatisiert.

Außerdem erzählt man sich, dass Fried im Trikot des Paulistano in London gegen die englische Nationalmannschaft im Beisein der englischen Königin gespielt habe. Im Verlauf der Begegnung umdribbelte er das halbe englische Team und vollendete mit einem Tor. Der Schiedsrichter habe jedoch den Treffer mit der Begründung nicht gewertet, dass Fried so etwas nicht vor den Augen der Queen machen könne. Das Tor wurde also aus Gründen der Majestätsbeleidigung nicht gegeben. Die Geschichte ist schön, aber unwahr. Fried hat nie gegen England gespielt, weder in London noch in Brasilien oder einem anderen Land.

Schließlich behauptete »der Tiger« selbst, dass er über 500 Elfmeter geschossen und alle verwandelt habe. Es ist verständlich, dass er selbst gerne daran geglaubt hätte, aber – es entspricht nicht der Wahrheit. Allein der Biograf Alexandre da Costa fand Zeitungsberichte, die insgesamt zwölf verschossene Strafstöße von Fried belegen. Darunter jener aus dem Spiel gegen Lapa im Jahr 1928, bei dem Fried sieben Tore erzielen konnte. Ganz abgesehen davon, dass es sich bei 500 Elfmetertreffern fast um die Gesamtzahl seiner offiziellen Tore handeln würde.

11. Kapitel
Der vergessene Wunderstürmer

Was sagt Ihnen der Name Arthur Friedenreich? Auf diese Frage können brasilianische Fußballbegeisterte von heute meist keine Antwort geben. Er ist in Vergessenheit geraten. Somit hat sich die Tendenz, die Joana Friedenreichs Klagen schon angedeutet haben, noch verstärkt. Das überrascht bei der Bedeutung des Fußballs in Brasilien, zumal wenn man bedenkt, dass Friedenreich lange als größter Torjäger aller Zeiten galt. Außerdem symbolisiert er auf typische Art und Weise die brasilianische Ethnienmischung.

Nun könnte man einwenden, dass Frieds aktive Zeit schon lange her ist und somit Fußballlaien seinen Namen nicht kennen müssen. Aus diesem Grund wurde für die vorliegende Biografie insgesamt 30 brasilianischen Sportjournalisten auf den Pressetribünen der Stadien Maracanã in Rio de Janeiro und Morumbi in São Paulo die Frage gestellt: »Was wissen Sie als einer, der sich intensiv mit Fußball beschäftigt, über Friedenreich?«

Als Ergebnis der Befragung kann allgemein festgestellt werden, dass den Interviewten Friedenreich durchaus ein Begriff war. Nur den Berufsanfängern war Fried unbekannt. Aber es fiel auch auf, dass selbst für diese Spezialisten Friedenreich nur in zweiter Reihe steht. Auf die Frage nach dem ersten brasilianischen Fußballstar antwortete die Mehrheit mit Leônidas da Silva oder Pelé.

Der Vergleich zwischen Leônidas und Friedenreich ist besonders interessant, da sie gewisse Ähnlichkeiten aufweisen. Beide waren Stürmer und Torjäger. Beide wurden durch ihre körperliche Gewandtheit und Dribbelkünste berühmt. Beide waren Mulatten. Beide spielten sowohl bei Flamengo als auch beim São Paulo FC und in der Nationalmannschaft. Leônidas begann seine Karriere 1929, und Friedenreich beendete seine Laufbahn 1935, sie spielten also noch sechs Jahre zeitgleich. Was ist also der große Unterschied zwischen beiden, der zum Vergessen des einen und zum Erinnern an den anderen führt?

Die Ausführungen in dieser Biografie und die Interviews mit den Sportjournalisten ergeben einige Antworten auf diese Frage:

▶ Der erste und offensichtlichste Grund für das Vergessen Friedenreichs ist, dass seit seinem Karriereende schon über 70 Jahre vergangen sind. So gut wie alle befragten Journalisten gaben diese Begründung an. Brasilien ist in ihren Augen ein Land, das seine Geschichte im Gegensatz zu Europa nicht bewahrt und dokumentiert. Das Vergessen ist sozusagen typisch brasilianisch. Man würde das unter anderem an den fehlenden Museen erkennen.

Dieser Argumentation muss entgegengehalten werden, dass sowohl der Germania-Nachfolgeverein Pinheiros als auch CA Paulistano und der São Paulo FC klubeigene Museen haben, in denen man Fotos, Pokale und andere Dokumente findet, die an Friedenreich erinnern. Besonders das Museum von Paulistano ist fast ausschließlich ihm gewidmet. Außerdem erklärt das nicht, warum man sich an Leônidas erinnert und an Friedenreich nicht.

Im Museum des São Paulo FC gibt es eine »schwebende« Statue, die an die Fallrückzieher von Leônidas erinnert, denn in Brasilien schreibt man ihm die Erfindung dieser Akrobatik zu. Friedenreich hingegen erscheint nur auf einem Foto in einer Ecke. Diese Tatsachen erklären die Bevorzugung von Leônidas jedoch nicht, sondern provozieren eine weitere Frage: Was hat die Museumsleitung zu dieser Bevorzugung bewegt? Die Antwort soll im Folgenden gefunden werden.

▶ Eine andere oft zitierte Erklärung ist, dass es zu Beginn des 20. Jahrhunderts nicht so viele Medien gab und diese dem Fußball noch keine besondere Aufmerksamkeit schenkten. Die Konsequenz ist, dass es von Friedenreich so gut wie keine Filmaufnahmen gibt. Das wichtigste Dokument ist eine Aufzeichnung der Frankreich-Reise von 1925. Es befindet sich in der Cinemathek in Paris. In Brasilien sind nur zwei Filme bekannt, in denen Fried kurz erscheint, wobei die Rollen so beschädigt sind, dass sie nicht mehr abgespielt werden können. Die wichtigsten Informationsquellen zum Leben Friedenreichs sind somit Zeitungen.

Diese Situation galt zunächst auch für Leônidas. Aber 1931 gab es eine wichtige und entscheidende Erfindung, von der Friedenreich kaum noch profitierte. Bis zu diesem Zeitpunkt gab es nämlich keine Liveübertragungen der Spiele im Radio, wie wir sie heute kennen. Es wurden lediglich die Zwischenergebnisse vermeldet und sonst Musik gespielt.

1929 entschloss sich der junge Rechtsanwalt Nicolau Tuma, Sportreporter zu werden. Er wurde beim Radiosender »Educadora Paulista« angestellt und begann, die Zusammenfassungen der wichtigsten Spielzüge zwischen den Musikstücken zu sprechen. Doch er war mit dieser Darstellungsform nicht zufrieden. Beim Spiel zwischen São Paulo und Paraná am 19. Juli 1931 bat er seinen Chefredakteur um Erlaubnis, das komplette Spiel ohne Musikunterbrechungen zu übertragen. Vor dem Spiel ging er in die Kabinen, um sich die Spieler, deren Statur und Gesichter einzuprägen, denn es gab noch keine Rückennummern.

Tuma kannte die Regeln des Fußballs sehr gut und erklärte sie während der Übertragung. So konnte er das Spiel mit reichen Details kommentieren. Außerdem hatte er einen ganz eigenen Stil der Sprechrhythmik, der nachfolgende Generationen grundlegend beeinflussen sollte. Aufgrund dieser Hochgeschwindigkeitsbeschreibungen wurde er »Maschinengewehrsprecher« genannt. Tumas Innovation war ein Riesenerfolg. Die Einschaltquoten der Radioübertragungen schossen in die Höhe. Die Situation wurde so dramatisch, dass der Verein Palestra Italia aus Angst vor Zuschauerschwund dem Radioreporter sogar einmal den Zutritt ins Stadion verwehrte. Tuma übertrug das Spiel jedoch von einer Leiter außerhalb der Arena. Er wurde zu einem Star, über den man auch in Boulevardzeitschriften schrieb.

Friedenreich konnte nur noch vier Jahre von dieser Erfindung profitieren. Die Karriere von Leônidas hingegen wurde fast komplett vom »Maschinengewehrsprecher« beschrieben und über die Radiogeräte in tausende Wohnzimmer getragen. Wichtig ist dabei auch, dass Tuma bei den Reportagen so manche Spielzüge besser darstellte, als sie tatsächlich waren. So enstand eine Fantasiegestalt Leônidas. Die Tore, Schüsse und Dribblings von Friedenreich verschwanden dagegen in den nüchternen Beschreibungen der Medien von vor 1931. Tuma

Friedenreich und Leônidas. (Quelle: CCMW-IEP)

selbst erklärte in einem Interview 2005 kurz vor seinem Tod, dass Friedenreich ohne Zweifel der beste Spieler seiner Zeit war, der es sicher mit Pelé aufnehmen konnte. Die Ironie des Schicksals wollte es, dass Tumas eigene Erfindung dazu beitrug, dass Friedenreich in Vergessenheit geriet.

▶ Eine Möglichkeit, das Andenken an eine wichtige Persönlichkeit am lebendig zu halten, ist die Marketingmaschinerie großer Profiklubs. Das ist genau das, was im Falle von Leônidas passierte. Er hatte fünf Jahre bei CR Flamengo gespielt, wurde dabei einmal Meister und erzielte 140 Treffer. Dann wechselte er zum São Paulo FC, wo er in neun Jahren mehrere Meistertitel ergatterte und 142-mal ins Schwarze traf. Seine Tor- und Titelsammlung ist somit bei

Weitem geringer als die von Friedenreich, aber er hat insgesamt 14 Jahre bei Klubs verbracht, die auch heute noch existieren.

CR Flamengo und São Paulo FC gehören zu den wichtigsten brasilianischen Fußballvereinen, die beide inzwischen mehrfach die brasilianische Meisterschaft, die Copa Libertadores (südamerikanisches Pendant zur Champions League) und den Weltpokal gewinnen konnten. Beide können sich auf eine millionenstarke Anhängerschar verlassen, und beide wissen sich in der kommerzialisierten Fußballwelt zu vermarkten. Das Darstellen der eigenen Tradition ist in dieser Strategie besonders wichtig, und so verwundert es nicht, dass Leônidas einen zentralen Platz in der Geschichte dieser Vereine einnimmt. Sein Andenken wird also schon allein zu Werbezwecken gefördert.

Friedenreich hingegen hat nur fünf Spiele für Flamengo absolviert, in denen er keine Treffer erzielen konnte. Seine Zeit beim São Paulo FC war schon vom Ende seiner Karriere gekennzeichnet. Friedenreichs wichtigste Vereine waren Germania und Paulistano, die beide nie am Profifußball teilgenommen haben. Sie verfügen zwar über gut ausgestattete Museen, werden aber im nationalen Szenario nicht wahrgenommen. Auf nationalem Niveau wurde nicht nur Friedenreich, sondern auch Paulistano und Germania vergessen.

Das Marketing der Profivereine interessiert diese Amateurklubs auch nicht, denn sie haben andere Einkunftsmöglichkeiten. Sie stehen einer Elite offen, die unter sich und ungestört bleiben will. So beträgt zum Beispiel die aktuelle Aufnahmegebühr bei Paulistano rund 40.000 Euro. Eine aggressive Werbekampagne wäre da nicht angebracht. Diese

Die erste Radioübertragung eines kompletten Spiels durch Nicolau Tuma am 19. Juli 1931. (Quelle: J.C.Lobo)

Vereine dürften also kein allzu großes Interesse daran haben, Friedenreichs Andenken zu popularisieren.

▶ Ein ähnlicher Mechanismus wird dadurch hervorgerufen, dass Fried nie an einer Weltmeisterschaft teilgenommen hat. Er war zwar an einigen Pioniertaten beteiligt. Diese werden aber in den Medien nicht gezeigt, sondern nur Ereignisse beim Weltturnier. Leônidas hingegen war der erste Brasilianer, der bei einer WM für Aufsehen sorgte. Er nahm 1934 und 1938 teil. Beim Turnier 1938 wurde er mit acht Treffern Torschützenkönig und zum besten Spieler des Turniers gekrönt. Er hatte großen Anteil an dem damals überraschenden dritten Platz Brasiliens. Durch ihn lernte die Welt zum ersten Mal den brasilianischen Fußballstil kennen.

Der nationale Fußballverband CBF verfolgt ähnlich wie die Profivereine eine Marketingstrategie, um seine Marke zu stärken und Merchandisingprodukte und Werbeverträge zu verkaufen. Der WM-Auftritt von Leônidas ist da um einiges werbewirksamer als Friedenreichs Karriere. So fehlen dem »Tiger« nicht nur die Profivereine, sondern auch die Nationalmannschaft, die ihm zu Ruhm hätten verhelfen können.

▶ Eine weitere Begründung dafür, dass Friedenreich gern übersehen wird, ist sein komplizierter Name. Schon die Aussprache ist für Brasilianer sehr schwierig. Leônidas geht da schon um einiges leichter von den Lippen.

▶ Mit dem vorherigen Punkt hängt zusammen, dass viele ihn auf den ersten Blick nicht als Brasilianer wahrnehmen. Heute kennt man die meisten Fußballstars unter ihren Vor- oder Spitznamen, wie zum Beispiel Pelé, Zico, Romário oder Ronaldo. Das gleiche ist mit Leônidas passiert. Friedenreich hingegen wurde nach deutscher Tradition mit seinem Nachnamen bekannt. Seine dunkle Hautfarbe ruft größte Verblüffung hervor. Fußball wird als typisch brasilianisch wahrgenommen, und da passt »Friedenreich« nicht hinein.

▶ Leônidas verstand es im Gegensatz zu Friedenreich, sich öffentlich darzustellen. Er kreierte sozusagen auch ein privates Marketing. Man erzählt sich, dass er immer nach der neuesten Mode wie ein Dandy gekleidet war. Jeden Sonntag nach einem Sieg spazierte er demonstrativ mit Anzug, Hut und Stock auf der Prachtstraße Rio Branco im Zentrum Rio de Janeiros auf und ab. Er genoss es sichtlich, eine schillernde Figur des öffentlichen Lebens zu sein. Die Menschen konnten ihn so ganz aus der Nähe betrachten, während Friedenreich in abgeschlossenen Eliteklubs spielte.

Leônidas wurde aufgrund seiner artistischen Leistungen mit den Spitznamen »Gummimann« und »schwarzer Diamant« bedacht. Letzterer Begriff stand Pate für eine Schokoladenmarke, die bis heute existiert. Der gemeine Brasilianer wird also bei jedem Gang in den Supermarkt im Schokoladenregal an Leônidas erinnert. Es gibt jedoch kein Produkt, das »Fried«, »Tiger« oder »Goldfuß« benannt wurde.

▶ Der wichtigste Grund für die unterschiedliche Behandlung von Friedenreich und Leônidas dürfte jedoch das Erscheinen von Gilberto Freyres Buch »Herrenhaus und Sklavenhütte« im Jahr 1933 sein. Diese Veröffentlichung markiert den Wendepunkt in der brasilianischen Selbstdefinition. Bis 1933 sah man sich wegen der Ethnienvielfalt als gescheitertes Land an. Dem Soziologen Freyre gelang es, ein ganz neues Bild zu zeichnen und dies an seine Mitbürger zu vermitteln. Ab 1933 begann Brasilien sich als ein gelungenes Beispiel des friedlichen Zusammenlebens zu sehen und wollte seine Ethnienmischung nach außen darstellen. Es begann eine nationale Euphorie.
Friedenreich konnte davon nicht mehr profitieren, er hatte nur noch zwei Jahre Karriere vor sich. Zuvor hatte er die Diskriminierungen seiner Zeit mit voller Wucht erlitten. Er wurde auf höchsten Befehl daran gehindert, an der Südamerikameisterschaft 1921 in Argentinien teilzunehmen. Friedenreich spielte in einer Zeit, als Brasilien seine farbigen Bürger noch verstecken wollte und sich für sie schämte. Das ist die einleuchtendste Erklärung dafür, dass Fried nicht mehr populär ist. Das Vergessen wurde sozusagen aktiv betrieben.
Ganz anders sah das bei Leônidas aus, der zur Ikone der nationalen Euphorie der 1930er Jahre wurde. Ganz dem Zeitgeist entsprechend konnte er als Mulatte Brasilien bestens bei der WM 1938 vertreten. Das gute Abschneiden wurde dann auch von Freyre als Resultat der Ethnienmischung kommentiert. Selbst er nahm zu diesem Zeitpunkt

nicht wahr, dass Leônidas nicht der erste Mulatte in der Nationalmannschaft war. Während Friedenreich noch als Schandfleck interpretiert wurde, konnte sich Leônidas zur Galionsfigur entwickeln.

▶ Schließlich muss noch eine Relativierung vorgenommen werden. Man muss nämlich bei dieser Diskussion regionale Eigenheiten berücksichtigen. Denn der Name Friedenreich wurde bei der Befragung im Jahr 2008 von den Sportjournalisten in São Paulo signifikant häufiger als in Rio de Janeiro genannt. Leônidas ist in Rio geboren und hat hier den größten Teil seiner Karriere aufgebaut und betrieben, er ist also als erster Fußballstar der Stadt auch eine lokale Ikone. Die Experten in São Paulo nannten dagegen den Namen Friedenreich öfter und kannten auch mehr Details über sein Leben. Für sie ist er der lokale Pionier und nicht Leônidas.

»Gestern, Heute, Morgen?« Die brasilianische Fußballgeschichte im Zeitraffer. (Quelle: J.C.Lobo)

Wahrscheinlich würden in anderen brasilianischen Städten noch andere Namen zum Vorschein kommen, die lokalen Heldenstatus haben. Brasilien ist schließlich ein Land von kontinentaler Größe, in dem die Kommunikation zwischen den einzelnen urbanen Zentren nicht ganz einfach ist. Außerdem hat sich der Fußball in diesen Städten unabhängig voneinander, aber zeitlich parallel entwickelt. Vereine und Spieler aus anderen Landesteilen wie zum Beispiel Porto Alegre und Belo Horizonte hatten ebenso die Chance zu einer beachtlichen Karriere und zu Weltruhm. So würde es nicht verwundern, wenn Fußballbegeisterte aus diesen Metropolen einen Spieler aus São Paulo oder Rio ignorieren, dagegen eine einheimische Größe umso mehr ehren.

Erwähnenswert ist in diesem Zusammenhang das Urteil nicht-brasilianischer Experten. Ende der 1990er Jahre wählte die renommierte International Federation of Football History and Statistics (IFFHS) die »Spieler des Jahrhunderts« auch für Südamerika. Arthur Friedenreich landete dabei auf dem 13. Platz; die vor ihm platzierten Brasilianer sind Pelé (1.), Garrincha (4.), Zico (7.) und Zizinho (10.). Leônidas steht in dieser Liste auf Platz 24.

12. Kapitel
Friedenreich, ein typischer Brasilianer

Unsere Suche auf den Spuren von Arthur Friedenreich ist zu Ende. Sein Leben hat einen Einblick in den atemberaubenden Wandel vermittelt, den das moderne Brasilien seit seiner Geburt vollzogen hat. Man kann es sich heute nur schwer vorstellen, dass sein Geburtsort São Paulo zu seiner aktiven Zeit eine kleinere Stadt mit etwa 100.000 Einwohnern war. Doch Friedenreich hat nicht nur die rasante Urbanisierung miterlebt, sondern war auch Teil der Grundsteinlegung der wichtigsten brasilianischen Kulturleistung: dem Fußballsport.

Wie kein anderer repräsentierte er die brasilianische Ethnienmischung und die Entwicklung eines ganz eigenen Spielstils. Er gilt als Erfinder des Effetschusses, wusste zu dribbeln und war ein gefürchteter Torjäger. Um sein Talent zeigen zu können, musste er soziale Schranken überwinden und Diskriminierungen ertragen. Damit ist Friedenreich einer der ganz großen Pioniere des Fußballs.

Sein Unglück war, dass er nur bedingt von diesen Leistungen profitierte. Durch den Fußball konnte er seinen Broterwerb sicherstellen, auch wenn dies indirekt über einen vom Vereinspräsidenten arrangierten Posten im öffentlichen Dienst geschah. Und nach der aktiven Laufbahn ermöglichte ihm seine Bekanntheit ein mittelständisches Leben. Im Alter verfiel er jedoch in Armut und Vergessenheit.

Dies war besonders auf den gesellschaftlichen Wandel zurückzuführen. Brasilien schämte sich zu Friedenreichs Zeiten für seine schwarze Bevölkerung. Zu Beginn des 20. Jahrhunderts war das Land noch zutiefst vom Erbe der Sklaverei und der Landoligarchien gezeichnet. Friedenreichs Hautfarbe war somit noch nicht hoffähig.

Die Jahre 1929 und 1930 können als großer Wendepunkt in dieser Geschichte gesehen werden. Die Weltwirtschaftskrise und der Börsencrash erschütterten auch besonders die brasilianischen Landlords. Ein neues Machtverhältnis kündigte sich an und wurde durch die Machtergreifung von Getulio Vargas 1930 in die Tat umgesetzt. Die Koronels mussten abdanken. Ab sofort regierte eine populistische und nationalistische Politik.

Direkt betroffen von diesen Umwälzungen war der Präsident von Friedenreichs Verein Paulistano, der einer der reichsten Kaffeebarone war. Eine Konsequenz war die Einstellung der Fußballabteilung des Klubs und somit das Ende von Frieds Karrierehöhepunkt. Infolgedessen wurde der Professionalimus im brasilianischen Fußball zugelassen. Doch für Friedenreich kamen diese Änderungen zu spät. Seine Laufbahn als Fußballer neigte sich dem Ende zu.

Da er weder an einer WM teilgenommen noch nennenswert in einer Profimannschaft gespielt hatte, gab es nur wenige, die die Erinnerung an seine Ausnahmekarriere aufrecht erhielten.

Trotz der fehlenden Erinnerungen an diesen ersten großen Torjäger gibt es einige Denkmäler, die ihm gesetzt wurden. So existiert in Rio de Janeiro eine Friedenreich-Grundschule und in São Paulo ein kleines Stadion, das seinen Namen trägt. Außerdem wird in unregelmäßigen Abständen der Friedenreich-Pokal an herausragende Spieler verliehen.

Zum großen Rätsel seines Lebens wurde die Anzahl der geschossenen Tore, die laut Legende bei 1.329 Treffern liegt. Das ist wohl übertrieben. Seriöse Nachforschungen ergeben eine Gesamtzahl von etwa 560 Toren. Die wahre Antwort auf diese Frage werden wir nie erfahren. Aber das ist auch nicht weiter wichtig, Friedenreich war zweifellos der beste Spieler seiner Zeit. Und wenn es so etwas gibt wie die »Erfindung« des brasilianischen Spielstils, so ist sie ihm zuzuschreiben.

Diesem Andenken ist die vorliegende Biografie gewidmet. Sie ist eine Hommage an São Paulo, Brasilien, den Fußball und seine Hauptfigur Arthur Friedenreich.

Zeittafel

1822 Unabhängigkeit Brasiliens
1888 Sklavenbefreiung und Gründung des São Paulo Athletic Club (SPAC), beides am 13. Mai
1889 Ausrufung der Republik
1892 Geburt von Arthur Friedenreich am 18. Juli
1894 Ankunft von Charles Miller in São Paulo mit einer Fußballausrüstung am 18. Februar
1897 Ankunft von Hans Nobiling in São Paulo
1899 Gründung SC Germania
1900 Gründung Club Athletico Paulistano
1902 Erste Saison der São-Paulo-Meisterschaft, Meister: SPAC
1909 Friedenreich tritt bei Germania ein und bestreitet sein erstes Spiel
1913 Friedenreich nimmt am ersten Auslandsaufenthalt einer brasilianischen Mannschaft teil; erste Krise und Aufsplittung der Meisterschaft in São Paulo
1914 Friedenreich nimmt am ersten offiziellen Länderspiel Brasiliens teil
1917 Friedenreich wird Torschützenkönig und tritt bei CA Paulistano ein; Ende der zweigleisigen Liga
1918 Friedenreich wird Meister mit CA Paulistano*
1919 Friedenreich wird Meister mit CA Paulistano*; Südamerikameisterschaft in Rio de Janeiro mit dem entscheidenden Tor von Friedenreich
1921 Friedenreich wird Meister mit CA Paulistano*
1922 Friedenreich wird brasilianischer Meister mit der Auswahlmannschaft des Staates São Paulo
1923 Friedenreich wird brasilianischer Meister mit der Auswahlmannschaft des Staates São Paulo
1925 Europareise des CA Paulistano; zweite Krise und Aufsplittung der Meisterschaft in São Paulo

1926	Friedenreich wird Meister mit CA Paulistano*
1927	Friedenreich wird Meister mit CA Paulistano*
1929	Friedenreich wird Meister mit CA Paulistano*; Paulistano stellt seine Fußballmannschaft ein; Crash der Börse in New York
1930	Neustrukturierung des Fußballs in São Paulo; Friedenreich nimmt an der Gründung des São Paulo da Floresta teil; Vargas wird Präsident von Brasilien
1931	Friedenreich wird Meister mit São Paulo da Floresta*
1932	Verfassungsrevolution in Brasilien
1933	Friedenreich erzielt das erste Tor des Professionalismus
1935	Friedenreichs letztes Spiel
1958	Brasilien gewinnt seine erste WM
1962	Brasilien kann den WM-Titel verteidigen
1969	Friedenreich stirbt in São Paulo am 6. September

*Gemeint ist hier jeweils die Vereinsmeisterschaft für São Paulo. Eine landesweite Meisterschaft der Vereine gibt es in Brasilien erst seit 1971.

Dank an

Claudia Meister und die Kollegen von Spiegel TV und Gruppe 5,
Alexandre da Costa, meinem Vorgänger,
Juliana Garcia Ramos für die Fachsimpeleien,
Yara Rovai bei EC Pinheiros,
Silvana, Elísio und Rosa bei CA Paulistano,
Cinthia bei São Paulo FC,
Angela im Rocha Netto Archiv, Piracicaba,
Daniela Rothfuss im Instituto Martius-Staden, São Paulo,
Adriana Bechara und Fernando für die Herberge und die Stadtrundfahrten,
die Kollegen der Sportforschungsgruppe an der Universität UFF in Niterói und die Herausgeber der Zeitschrift www.esportesociedade.com: Leda Maria da Costa, Antonio Holzmeister, Bernardo Buarque de Hollanda, Luiz Fernando Rojo, Marcos Alvito, Victor Andrade de Melo und meine Doktormutter Simoni Lahud Guedes,
meine Familie,
Ivana.

Literatur

ABRAHÃO, B. O. L.: Uma leitura do »racismo à brasileira« a partir do futebol. Masterarbeit Sportwissenschaften, Universidade Gama Filho, Rio de Janeiro, 2006.
BELLOS, A.: Futebol: the brazilian way of life. Bloomsbury, London, 2002.
BERNECKER, W. L.; FISCHER, T.: Lateinamerika: Emanzipation und neue Abhängigkeit. FernUni, Hagen, 2001.
BRANDÃO, I. L.: Club Athletico Paulistano: Corpo e alma de um clube centenário. Festschrift des Vereins, DBA, São Paulo, 2000.
CALDAS, W.: O pontapé inicial: Memória do futebol brasileiro. IBRASA, São Paulo, 1990.
CAIUBY, C. E.; DIMAND, D.: Club Athletico Paulistano: Um clube que cresceu com a cidade. Festschrift des Vereins, PROAL, São Paulo, 1970.
CITADINI, A. R.: Neco: Primeiro ídolo. Geração, São Paulo, 2001.
DA COSTA, A.: O tigre do futebol: Uma viagem nos tempos de Arthur Friedenreich. DBA, São Paulo, 1999.
DE PALMA AUGUSTO, G: Esporte Clube Pinheiros: Álbum do centenário. Festschrift des Vereins, Alameda, São Paulo, 1999.
DE VANEY: 60 anos de futebol em São Paulo. A Tribuna, Santos, http://www.novomilenio.inf.br/santos/h0271a01.htm, 1956.
DUARTE, O.; FILHO, S.: Fried versus Pelé. Makron, São Paulo, 2000.
EISENBERG, C.: Fußball, soccer, calcio. DTV, München, 1997.
FAUSTO, B.: História do Brasil. USP, São Paulo, 2000.
FILHO, M.: O negro no futebol brasileiro. Mauad, Rio de Janeiro, 2003.
GASTALDO, É.; GUEDES, S., L. (Org): Nações em campo: Copa do Mundo e identidade nacional. Intertexto, Niterói, 2006.
HELAL, R.; SOARES, A. J.; LOVISOLO, H.: A invenção do país do futebol: Mídia, raça e idolatria. Mauad, Rio de Janeiro, 2001.
HOLLANDA, B.: O Descobrimento do futebol. Biblioteca Nacional, Rio de Janeiro, 2004.
MAZZONI, T.: Almanach Esportivo 1928. Soave, São Paulo, 1928.
MAZZONI, T.: História do futebol brasileiro. Leia, São Paulo, 1950.
MELO, V.: Dicionário do esporte no Brasil: do século XIX ao início do século XX. Autores Associados, Campinas, 2007.
MELO, V. (Org): História comparada do esporte. Shape, Rio de Janeiro, 2007.
PATUSCA, A.: Os Reis do Futebol. Do Autor, São Paulo, 1976.

Ramos, J. G.: Futebol e racismo nas décadas iniciais do século XX: a construção da representação de Arthur Friedenreich. Diplomarbeit Geschichte, UFRJ, Rio de Janeiro, 2007.

Santos Neto, J. M.: Visão do jogo: Primórdios do futebol no Brasil. Cosac & Naify, São Paulo, 2002.

Wöhlcke, M.: Brasilien. Beck, München, 1991.

Zweig, Stefan: Brasilien: Ein Land der Zukunft. Insel, Frankfurt a. M., 1997.

Der Autor

Martin Curi, geboren 1975 in Freising/ Bayern, lebt seit 2002 in Rio de Janeiro, wo er zur Zeit an der Bundesuniversität UFF in Niterói mit einer anthropologischen Arbeit zum Thema Fußballfans promoviert. Andere Schwerpunkte seiner Arbeit sind Sportgroßereignisse und die Geschichte des brasilianischen Fußballs. Er ist Mitherausgeber der wissenschaftlichen Onlinezeitschrift www.esportesociedade.com. Durch eine Recherche für die Spiegel-TV/ZDF-Dokumentation »Faszination Fußball« (2006) wurde er auf Friedenreich aufmerksam. Außerdem hat er in den Fußballzeitschriften *11Freunde*, *Rund* und *Stadionwelt* veröffentlicht.

Christoph Ruf
„Ist doch ein geiler Verein"
Reisen in die Fußballprovinz
240 S., Paperback
ISBN 978-3-89533-596-9, € 16,90

In der Provinz schreibt der Fußball oft die schönsten Geschichten.
Christoph Ruf hat die besten davon zusammengetragen.
Es geht um reiche und verarmte Mäzene,
um große Vergangenheiten, unsichere Zukunft und
vor allem um quicklebendige Fanszenen.
Ausgezeichnet als »Fußballbuch des Jahres 2008« durch die
Deutsche Akademie für Fußballkultur.

VERLAG DIE WERKSTATT
www.werkstatt-verlag.de

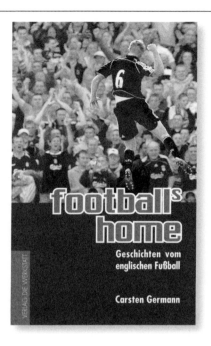

Carsten Germann
football´s home
Geschichten vom englischen Fußball
240 S., Paperback, Fotos
ISBN 978-3-89533-557-0, € 12,90

Skurrile Fans, kantige Stars: In 28 spannenden
Reportagen schildert der Autor die ebenso schillernde
wie traditionsschwere englische Fußballkultur.
»Buch der Woche« (Sport-Bild)
»Buch des Monats« (11 Freunde)

VERLAG DIE WERKSTATT
www.werkstatt-verlag.de

Ronny Blaschke
Im Schatten des Spiels
240 S., Paperback, Fotos
ISBN 978-3-89533-555-6, € 16,90

»Die Art wie der Autor das heikle Thema unter Verzicht auf moralischen Zeigefinger umsetzt, fasziniert. Er bringt Täter zu offenen Beichten, lässt Polizisten sinnieren und zeigt, wie Opfer Erlebtes kompensieren. Eine umfassende, gut recherchierte Abhandlung.« (11 Freunde)
Ausgezeichnet als »Fußballbuch des Jahres 2007« durch die Deutsche Akademie für Fußballkultur.

VERLAG DIE WERKSTATT
www.werkstatt-verlag.de